SHODENSHA SHINSHO

# の企画力！

——ヒット商品は「現場感覚」から

博史

祥伝社新書

# はじめに

技術者とは、技術開発を仕事にする人——と誰もが考えてきました。製造業・メーカーの核となるのも、技術であると。この考え方に異論はありません。

一方で、最先端の技術を誇っていれば、そんなことはありません。これを売れる商品にして、多くの人たちに使ってもらわなくてはならないのです。年々商品は売れなくなってきていますが、会社はそこまでしてようやく利益を得られるのです。

しかし製造業の現場では、いまだに「最先端の技術こそが、最高の感動や満足を与えるはずだ」と考えがちです。

任天堂やアップルの成功を考えてみてください。両社とも、技術と同じくらい、あるいはそれ以上の重点を商品企画力に置いています。むしろ商品企画が先にあって、それに技術開発がともなっているといってもいいくらいです。では、ここで作り出される商品が消費者に感動や満足を与えていないのかというと、そんなことは全くありません。むしろ、世界でもっとも大きな感動や満足を与えつづけている会社です。

本書の冒頭では、洗濯機開発の成功事例を紹介しています。事例の主人公はもちろん技術者ですが、彼はある日、「一年間『ぶらぶら』していなさい。会社のルーティンワークはしなくていい。出社しなくてもいい。新しい洗濯機の商品企画だけに専従するように」と命じられます。そして彼は一年後、見事に売れる洗濯機を企画しますが、技術が必要になるのは、イメージした商品を実現する段階になってからです。

「ウチの会社には、企画専門の部署があるから……」という反論が聞こえてきそうですが、もはや現場の技術者にも「企画力」が求められているのです。企画力は、文系社員や、商品企画部門に配属された理系社員だけに必要なわけではありません。『理系の企画力！』は、そうした考えを書名にしたものです。もちろん技術者でない人にも楽しんで読んでいただけるよう、できるだけ専門的な話を避けて書いています。

筆者は、一人の技術者としてキャリアをスタートし、その後、技術マーケティングを経験し、さらにコンサルティングの職に就きました。そのなかで、技術がなくては勝負にならないものの、それだけでは顧客を満足させることはできないということを、自身や他人の経験を通して学んできました。

現在、大学院で技術経営を教える立場に就き、様々な業界の商品開発の事例を分析していますが、そこから確信を深めるようになったことがあります。それは、自分の専門分野に閉じこもることなく、全体からモノを見ることのできる現場技術者が増えれば、会社や組織の商品開発力はもっと高まるのではないかということです。筆者は、こうして大学院で学ぶ社会人の人たちとともに、ゼミや講義を通じて多くの事例を調査し、各社のキーパーソンたちに会い、分析を重ねてきました。

結果として思うことは、ヒット商品を生み出す人や会社には必ず共通する何かがあるということです。企画力といわれて、ついどれほどの独創性や際立《きわだ》つ個性が必要か、と考える人がいるかもしれませんが、大切なのは、それ以前にある考え方や感覚です。正しい考え方や感覚を共有できている現場や組織は、成功を生み出す可能性が高い——筆者はそう信じています。

本書では、印象に残った成功事例を9つの法則に当てはめて分類し、解説を加えてみました。この本が、あなたやあなたの属する組織を成長させる、何かしらのきっかけになれば、これほどうれしいことはありません。

二〇〇九年七月吉日

宮永《みやなが》 博史《ひろし》

「理系の企画力」――目次

## 第9則 商品は**ロングセラー**を前提に考える 195

# 第1則　現場は観察するだけでなく、実際に**体験**する

——お客様の声をそのまま安易に受けいれていませんか?

## 新製品が次々に出てくる日本市場

長らく欧州に赴任していた知人が、日本に帰国してショッピングをしようと家電売り場をのぞいてみたところ、欧州では見たこともないような新製品の山々が面白く、数時間見て歩いても全く飽きなかったそうです。ずっと日本に暮らしている私たちにとって、季節ごとに新製品が出てくることは当たり前ですが、欧州の家電製品は日本よりも変化のスピードが緩やかで、日本と比べたら何も変わっていないに等しいというのが彼の率直な感想でした。欧州でしばらく生活した後で戻ってきて、初めて日本市場の特徴に気づいたのです。

新製品を買ったすぐあとで、さらに優《すぐ》れた性能の製品が、しかも低価格で出たりして、悔しい思いをした経験が誰にでもあることでしょう。私たちはこれを当たり前のように思っていますが、どうも日本の商品開発力は世界のなかでも際立《きわだ》っているようです。日本ほど多くの家電メーカーが競合している国はありません。家電メーカーが原子力発電やコンピュータまでを事業領域としていたりするのも、おそらく日本くらいではないでしょうか。

海外から戻った知人の話を聞いていて、日本のメーカーが新製品開発にいかにしのぎを削っているか、あるいは性能や品質にうるさい日本の消費者がいかに製品を進化させているか、改めて気づかされました。海外からの観光客の人気スポットの一つに秋葉原がありますが、新旧織《お》り交ぜた製品がごまんと並ぶこの街は、こうした日本の事情を凝縮していて外国人にとっては、まさに別世界に見えることでしょう。

消費者にとっては次から次へと生まれる多様な製品のなかから選べるというのはまことに贅沢《ぜいたく》な悩みですが、裏を返せば、製品開発担当者にとってこれほど厳しい市場はありません。移り気な日本の消費者を常に満足させつづけるのは並大抵のことではないのです。トップ企業といえども他社よりも少しでも早く新製品を世に出していかなければなりません。こうした厳しい市場で、メーカーの技術者は、新しい製品を企画し開発しつづけています。それが日本企業の強みでもあったわけですが、今や大きな戦略転換点に立たされています。

## 現場の技術力の大切さ

多くの日本のメーカーが、海外からの低価格製品という脅威にさらされています。欧州から帰国した知人の証言は、一方で日本の家電製品が欧州ではまだ受けいれられていないことを示唆しています。

では、商品開発力が旺盛なことがかえって足かせになってしまっているのかといえば、必ずしもそういうわけではありません。しかし、とりあえず新商品というだけでは売れないのです。何の魅力もない、高くて扱いづらいだけの商品が売れるはずもありません。それは国内も海外も同じです。ようは、使う人にとって、魅力があるかどうかです。

松下電器産業（現パナソニック）で食洗機や洗濯機の開発に携わった太田文夫《おおたふみお》氏も、低価格化に歯止めをかけるべく、高くても売れる家電製品を開発しなければならない状況に立たされていました。

一九九〇年代、国内の家電メーカーは、海外製品による価格破壊ともいうべき大波にのみこまれようとしていたのです。松下電器産業も例外ではありません。低価格競争に勝つために海外に生産の場を移すことも解決策のひとつですが、それでは国内の生産ラインが空洞化してしまいます。生産の空洞化ばかりではありません。製品の開発力も落ちかねません。工場は単に製品を生産するだけの場ではないからです。工場は、設計の問題点を指摘し、開発サイドに改善提案を出すことができる人材と技術が蓄積されている場でもあるのです。

ある大手液晶テレビメーカーでは、こんなことがありました。

本社の開発部門から工場に対して、部品調達など生産コスト削減の指示が出されました。ところが工場側はその指示に納得しません。何かがおかしいと感じたのです。工場の技術者たちはさっそく他社の液晶テレビを買ってきて分解し、自社のテレビと比べてどうして自社のコストが高いのか分析を始めたのでした。その結果、部品を搭載する基板の枚数が多いことがコスト高の要因であることがわかりました。つまりその会社の液晶テレビのコストが高かった原因は、生産現場にあったのではなく本社が担当した設計段階にあったのです。

このエピソードが示すように、日本の工場現場には驚くほど高い技術力が蓄積されています。人件費の安さを理由に工場を海外に移転してしまうと、そうした技術蓄積が失われ、一時的にはコストを削減できても、長期的には競争力を失ってしまいます。また、海外生産による低価格化が、価格競争に拍車をかけることになり、結局自分で自分の首をしめかねません。アメリカの家電メーカーのほとんどが消えてしまったのと同じ運命を辿《たど》ることになってしまいます。

## 「一年間、ぶらぶらしていなさい」

さて、太田さんの洗濯機開発の話に戻しましょう。当時の松下電器産業の洗濯機事業部も、製品の低価格化に歯止めがかからず頭を抱えていました。なんとか高くても売れる商品を開発できないものかと、太田さんの上司である事業部長は来る日も来る日も対策を考えていたのです。あるとき、太田さんを含めて三人の技術者が彼に呼ばれます。そこで太田さんたちは思いもかけない業務命令を受けました。

「一年間ぶらぶらしていなさい」という命令でした。つまり、会社に来なくてもよろしい、好きなようにしていいから、一年かけて新しい洗濯機のコンセプトを考えなさい、高価格でも売れる製品を考えなさい、というものでした。

太田さんたちは、この前代未聞の業務命令にとまどいます。突然、ぶらぶらしていなさいと言われても、一体どうしてよいかわかりません。同僚の技術者たちは、商品開発で日夜忙しく働いています。自分たちが抜けたらますます忙しくなるのは目に見えています。そんな同僚たちの手前、とてもぶらぶらしているわけにはいきません。

しかし業務命令は業務命令です。太田さんたちは仕方なく新しい製品のコンセプトを考えることにしました。ところがいくら会議をしてもなかなかよいアイデアは出てきません。目の前の商品開発で忙しく働く同僚たちが羨《うらや》ましく思えるほどでした。

## 自分で洗濯してみて、はじめてわかったこと

困り果てた太田さんは、創業者である松下幸之助の言葉を思い出しました。「商品を抱いて寝れば、商品から語りかけてくれる」という言葉です。松下幸之助が乾電池の開発で行き

詰《づ》まったときに、乾電池を自宅に持ち帰り、乾電池の前に座って、じっと乾電池が語りかけてくるのを待っていると「寒いから暖めてほしい」と乾電池が語りかけてきたという、あのエピソードを思い出しました。早速その乾電池を暖めると性能が発揮されるようになり、一気に開発が進んだということでした。

太田さんたちも松下幸之助にあやかろうと、毎日それぞれ自宅で洗濯をすることにしました。これまでお客様の視点に立って開発していたつもりでしたが、実際に自分で洗濯をしてみると、わかっているようでわかっていなかったことが結構あることに気づいたのです。たとえば、ポケットの中にあるティッシュペーパーを取らずに洗濯してしまって、ボロボロになったティッシュが他の衣類に付着してとれなくなってしまいました。あるいは、ワイシャツをそのまま洗濯して長袖の部分が衣類に絡《から》んでしわくちゃになり、後からアイロンがけに苦労しました。洗濯機のなかで絡み合った衣類をほどくときに、男の自分でも相当な力がいるのだから、お年寄りには重労働だなと実感したりもしました。頭ではなく、ひとつひとつ自分の体験として蓄積していったのです。

実際に洗濯をして気づいたことを毎日「洗濯日記」として記録していきました。

太田さんは、洗濯には単に衣類を洗うということ以上の意味があることに気づきました。

洗濯物が家族についていろいろ語ってくれるのです。息子さんが元気でいるかどうかは、ズボンや靴下などの汚れ具合を見てわかるようになりました。汚れの落ち方も、自分と息子さんの衣類では違うことにも気が付きました。

こうして気づいたことを何でもメモした洗濯日記は太田さんにとってアイデアの玉手箱になったといいます。もちろん新製品の開発に大いに力を発揮してくれました。洗濯日記は今でも大切に太田さんの本棚に置かれています。

## 抜け落ちていた視点——家庭における洗濯はどう変わってきたか——

太田さんは洗濯日記を続けながら、再び創業者の言葉を思い浮かべていました。それは、「お客様の求めるもの、欲しがるものを作ってはならない、お客様に喜んでもらう商品を作りなさい」というものでした。太田さんたちは、この言葉をかみしめて、もう一度「ものづくりの原点」に帰ろうと決意したのです。

事業部長が命じた「ぶらぶら」社員というのは、実は「ものづくりの原点」を考える機会を持つ社員のことでした。たえず開発業務に追われると、つい「ものづくりの原点」をないがしろにしてしまいがちです。使う人のことをいつのまにか忘れて、自分たちの勝手な思い込みで製品開発をしてしまうかもしれません。寄せられた意見や苦情さえも自分たちの尺度から曲解してしまうかもしれないということです。

「ものづくりの原点」に戻って、まず、家庭の洗濯がどのように変化してきたかを調べてみることにしました。当たり前ですが、洗濯の変化を調べるためには、衣類がどのように変わってきているかを知らなければなりません。そこで、アパレルメーカーや百貨店の衣料販売の方たちにアドバイスをもらったり、クリーニング店にも足を運んだりしたのです。

そうした丹念な調査の結果、ドライクリーニング表示がある衣類でも、およそ八〇％は水洗いしたほうが綺麗《きれい》になることが判明しました。石油系の溶剤を使用するドライクリーニングでは、水溶性の汗やシミなどの汚れは落ちないのです。しかしアパレルメーカーは消費者から苦情を持ち込まれないように、自己防衛の意味をこめてドライクリーニング表示をしている場合もあることがわかりました。

クリーニング業を営む社長さんから教えを請《こ》いました。「汗で汚れた衣類は水洗いすれば綺麗になるから家庭で洗いなさい」と主婦に教えても、洗濯機で洗うと衣類が傷んでしまうからと結局クリーニングに出すのだというのです。

日本人特有の清潔感からか、一度着た衣類は汚れていなくても洗います。すると洗う回数が増えるので衣類を傷めてしまうことがあります。洗うことに注意が集中していた太田さんは、「衣類を傷めない」という視点が自分たちに抜けていたことにはっとしました。これは大切な発見だと心にとどめたのです。

　専門家へのヒアリングを行ないながら、実際のユーザーである主婦たち一五人ほどにモニターになってもらい、一年間にわたって調査を実施しました。モニターである主婦の人たちから意見を聞くと、太田さんたちには意見のひとつひとつが体に沁《し》み込むようにわかりました。自分たちでも実際に毎日洗濯するという体験を積んでいたからこそ、モニターの意見に共感して理解することができたのです。現場観察よりもさらに一歩進んで、自ら体験してみたことが、本当の意味でお客様の視点に立たせたのでした。創業者の「商品を抱いて寝よ」という言葉は、このことを指していたのです。

　こうして、来る日も来る日も洗濯日記をつけたり、衣類のことについて調べたり、モニター調査をしたりするなかで多くの発見がありましたが、では具体的にどうしたらよいかという新しい洗濯機のコンセプトについてはなかなかよいアイデアが出てきません。会社に来ては、ぶらぶら社員同士で慰めあう日々が続きました。周囲の技術者たちから、暇そうにしている自分たちを羨ましそうに見られている気がしてなりません。実際は、太田さんたちにとっては、通常の業務をしていることのほうがよほど楽なのでした。

## アイデアのヒントは思わぬところに

相変わらずアイデアの出ない苦しい日々を送っていた太田さんたちは、あるとき、大阪で業務用洗浄機械の展示会があることを知り、全員で行ってみようということになりました。家庭用洗濯機の参考になるとは思えませんでしたが、藁《わら》にもすがる思いで、とにかく大阪まで足を運ぶことにしました。ところが、そこで思わぬヒントを得たのです。

大阪の展示会場には様々な製品がありました。会場を回るうち、布団《ふとん》の丸洗い機が目にとまりました。布団には綿が入っていますから、機械で洗うと綿が傷んでしまいそうです。どうしたら綿を傷めずに布団を丸洗いできるのだろうと好奇心に動かされながら近づいてみると、それはまるで巨大な脱水機でした。

説明員の話によると、高速回転によって生まれる遠心力で洗浄液がすり鉢状になり、脱水槽《そう》の上まで到達するといいます。普通の洗濯機であれば、そのまま洗浄液が外に飛び出してしまいますが、そこに遮蔽板《しゃへいばん》があって、洗浄液は遮蔽板にあたって脱水槽の中心部に戻ってきます。中心部に戻った洗浄液は再び遠心力で外周方向へ移動します。この繰り返しで、洗浄液が布団の中を通過し、布団が内側から丸洗いされるという仕組みとのことでした。普通の洗濯機と違って、布団はへばりついたままで動かないので、見事に綿を傷めずに洗濯できています。

太田さんが「衣類を傷めずに洗う」ことが重要だという発見をしたことは先に述べましたが、まさにそのヒントが目の前に現われたのです。この展示会には、一〇人ほどの技術者が足を運びましたが、布団の丸洗い機に気づいたのは、太田さんともう一人の技術者だけでした。

偶然は重なるものです。別の技術者が、日曜日に家族で名神高速道路をドライブしていたときのことでした。たまたま前を走っている「布団丸洗い」と書かれた車に目がとまりました。やはり頭の中に「衣類を傷めずに洗う」というキーワードがあったので、同乗していた奥さんにその車に書いてある電話番号をメモしてもらい、翌日電話をして、工場見学をさせてもらいました。

その工場にあった布団の丸洗い機は、太田さんが展示会で見たものとは少し違っていました。布団をセットして脱水機のように回転させるところまでは同じですが、洗浄液を貯《た》めて循環させるのではなくて、スプリンクラーのように中心部から洗浄液をスプレーさせるという方式でした。スプレーされた洗浄液が脱水回転の遠心力で布団の中を通過し、外に排水されるという仕組みです。流れ出てくる排水液を見ると真っ黒に汚れていました。洗浄液を通過させるだけで汚れが落ちるものかと疑問に思っていましたが、排水液をみれば一目瞭然《いちもくりょうぜん》です。しかし、この方式を家庭の洗濯機に使ったのでは節水にはなりません。家庭用洗濯機には、展示会で見た、洗浄液を貯めて、何度も通過させる循環式のほうがよさそうです。

こうして「衣類を傷めずに洗う」新しい洗濯機のアイデアが固まっていったのです。

## 早速試作機の開発へ

「衣類を傷めずに洗う」アイデアのヒントを布団の丸洗い機から得た太田さんたちは、早速、遠心力を使った家庭用洗濯機の試作機づくりを始めました。これまではなかなか仕事をしている気がしませんでしたが、試作機づくりとなれば話は違います。アイデアさえ固まれば、あとはお手のもの、得意なものづくりだと安易に考えていました。ところが、ここに大きな落とし穴があったのです。

普通、脱水機は、水を入れずに回します。ところが遠心力を使った洗濯機では、脱水槽に水を入れたまま高速回転させなければなりません。実際に脱水槽に水を半分くらい入れた状態で回転させたとたん、モーターから煙が出て焼けついてしまったのでした。実は、水を入れた脱水槽を高速回転させるには、今までのモーターでは全くの力不足でした。強力なモーターを開発する必要がありましたが、機械が専門の太田さんには、電気の世界のことはよくわかりません。

ところが、ここでも幸運が重なりました。事業の再編によって異動してきたモーターのベテラン社員がすぐ近くにいたのでした。ベテラン技術者はすぐに新しいモーターの設計と試作に取りかかりました。太田さんが現場に行ってみると、普通は銅線を機械で巻くところを自分の手で一巻き一巻き数を確認しながら巻いているベテラン技術者の姿がそこにありました。指先は赤くなり、かなり疲れているようでしたが、黙々と作業をしているのです。その後ろ姿に太田さんは思わず頭が下がりました。設計力とものづくり力の両方を備えた素晴らしい技術者でした。彼は、相談してからわずか一週間で新しいパワフルなモーターを手作りで試作してくれたのでした。

## 様々な分野の技術者の知恵

ベテラン技術者が手作りで作ってくれたモーターは見事な成功でした。これで、遠心力を使って洗浄液を通過させる洗濯機のプロトタイプができました。残された課題は、実際に家庭用洗濯機として洗浄力を出すことです。洗浄力は化学の分野になりますが、これも運よく、ぶらぶら社員のなかに化学系技術者がいたのでした。この技術者が中心になって、プロトタイプの洗濯機を使い、脱水槽の回転数や水の循環速度・循環時間など、様々な条件について数カ月にわたって念入りに実験を繰り返しました。ここでも自分たちが毎日洗濯をした体験が活き、家庭で洗濯をする実際の状況に近い条件で実験をすることができました。

こうして、遠心力を使うことで、衣類を傷めずに、しかも洗浄力にも優れる条件を導きだすことができたのです。たとえば、脱水槽の回転数は、最低でも毎分一二〇回以上の高速回転をさせないと、遠心力による洗浄液通過方式での洗浄力が出ないことなどがわかりました。

化学の知識のある技術者が洗剤の特性なども考慮して、実験を組み立てるようにしないと、何倍もの実験期間がかかってしまったり、大事なポイントをはずしてしまったりします。この洗濯機の開発は、機械系、電気系、化学系と三つの分野の技術者のチーム力によるものでした。洗濯機ひとつとっても、新製品の開発、特に新しいコンセプトに基づく製品開発には、様々な分野の知識と知恵を総動員する必要があることがわかります。電機メーカーだからといって、電気系の技術者だけでは、イノベーションは生まれないのです。

## なぜ営業部は、当初歓迎しなかったのか

さて、太田さんたちは苦心惨憺《さんたん》の末に画期的な洗濯機を開発したわけですが、営業部門は太田さんたち技術者サイドほどの感動をもって迎えてくれませんでした。その理由は、売り方を説明しにくい、という一点でした。新しい原理の説明はむろんのこと、それでどういう御利益《ごりやく》があるのか、わかりにくいとの不安を訴えたのです。営業の現場では、これまでの洗濯機と比べて三〇%節水できるとか、洗浄力を落とさずに二〇%作業時間を短縮できる、といった特徴は説明しやすいのですが、遠心力を使った画期的な洗濯機などといった、原理から入った説明では、販売店やお客様を説得する自信がないというものでした。

太田さんは、どうしたら遠心力洗浄方式の効果をわかりやすく伝えることができるだろうか、ここでも知恵を絞りました。製品開発者がそこまでやるのかと思われるかもしれませんが、製品開発者だからこそ、その良さを伝えることができるのです。製品は、開発したら終わりではありません。お客様に買ってもらい、代金が回収されて初めて終わるのです。

何より百聞は一見にしかず、消費者モニターの人たちに実際に使ってもらうことにしまし

た。また、どのような洗濯をすれば効果がわかってもらえるかと考えたとき、ここでも洗濯日記が役立ちました。太田さんは、ズボンのポケットにハンカチが入っていたことに気づかずに洗濯をしてしまったことがありました。当然、ハンカチの汚れは落ちません。そこでもう一度ハンカチだけを洗い直したことがありました。しかし遠心力を使って洗浄液を通過させる方式であれば、ズボンのポケットに入ったハンカチでも汚れが落ちるはずです。

太田さんは、白いハンカチに醤油《しょうゆ》をつけて、一晩乾燥させたものを用意して、作業ズボンのポケットの中に入れました。本当にハンカチの醤油の汚れが落ちるか、消費者モニターたちと一緒に実験結果を見守ることにしたのです。

原理上は落ちるはずでしたが、太田さんも実際に試してみたことはありません。結果を見るまでは不安でしたが、ポケットに入れたハンカチは醤油の汚れまで見事に落ちていたのでした。この実験の模様をビデオに撮って営業部員に渡したところ、売りやすいと大好評だったといいます。

この洗濯機は一九九八年秋に発売され、その年のヒット商品番付で見事グランプリに輝きました。トヨタのプリウスやソニーのノートパソコン・バイオなどの大ヒット商品を抑えてのトップ獲得でした。

## ぶらぶら社員制度を決めた事業部長の英断

太田さんたちが実践した一年間のぶらぶら社員制度は、遠心力洗濯機以外にも数多くのアイデアを生み出しました。太田さんたちのチーム力・発想力も素晴らしいですが、その意思決定をした事業部長の英断によるものでもありました。

普通、事業部長は、短期的な売上げ責任を持たされます。ただでさえ人手が不足するなかで、三人もの技術者のルーティンを省くというのはよほど勇気のいることです。短期の製品開発力は低下しますし、果たして一年後本当に成果が出るかどうかもわかりません。

またこうした業務命令を出された技術者をつぶしてしまう可能性も否定できません。傍《かたわ》らでみるほど、コンセプト創造の仕事は楽ではないのです。新しいアイデアが出ないと社員は自信をなくし、しかも評価も下がります。したがって、たいていは担当者のプレッシャーを和《やわ》らげるために、コンセプト創造のプロジェクトと並行して、短期的な成果の出る製品開発を兼務させがちです。しかし、そうするとどうしても短期的な仕事に集中して、コンセプト創造の仕事から逃げてしまいます。それではイノベーションは起こりません。

太田さんは、大阪の展示会での偶然を製品開発に活かしました。このような偶然による発見をセレンディピティといいます。セレンディピティは、準備した人のところに現われます。太田さんも大阪の展示会に足を運ばなければ、偶然に出会えませんでした。また足を運んでも、残りの人たちは、布団の丸洗い機に気づきませんでした。高速道路で布団丸洗い機の車を見かけても、問題意識を持っていなければ、電話をして工場を見学させてもらうような行動には至りません。このように、セレンディピティは自ら努力して呼び寄せるものといえます。太田さんたちは、現場観察から一歩進んで現場体験まで行ない、藁《わら》にもすがる思いで、考えに考え抜いていたから、この体験を獲得できたのでしょう。

太田さんはセレンディピティに関する筆者のセミナーを聞いて、思わず感動に震えたと教えてくれました。それまでセレンディピティという概念について知らなかったものの、これこそまさに自分が体験したものだったと思ったからです。

太田さんは、松下電器産業で洗濯機事業部長や海外技術戦略統括理事として活躍した後、二〇〇九年一月に独立して感動開発研究所を設立しました。今はご自身の体験をもとに、感動する製品を開発できる人材育成に力をそそいでいます。

# 第2則　一面からの**モノの見方**にこだわらない

——コップ半分の水を見て、二通りの考え方ができますか？

## 規制緩和を活かせる企業、活かせない企業

政府による各種規制は、既存事業者にとっては既得権を守るための生命線ですが、新規参入者にとってはまことにやっかいなものです。形式的には新規参入できるようにみえても、業界の見えざる障壁によって、現実には参入できないのが実情だったりします。消費者にとっては、規制に守られた事業者によって、安定したサービスが継続的に提供されることは好ましいことですが、一方でサービスの質や価格面での不都合が生じても他に選択肢がないというのは困りものです。

成長段階を過ぎて成熟段階に入り、規制の弊害《へいがい》が目立つようになると、緩和を望む声が出てきます。おいしい市場でひと儲けをしようと、規制緩和とともに多くの新規参入者が現われますが、そこで成功することはそう簡単ではありません。規制に守られていたからこそおいしい事業が成り立っていたのであって、規制が緩和されて新規参入者が増えれば、おのずと事業運営の厳しさは増していくはずです。そこを誤解して安易に参入すると、手痛いしっぺ返しにあって、結局撤退《てったい》ということになりかねません。

規制緩和による事業運営の厳しさは既存事業者も同じです。新規参入者への対抗上、価格を下げて消耗《しょうもう》戦をする場合も出てきます。疲弊《ひへい》してサービスの質が低下する場合さえあり

えます。

一九九〇年代に、国内の航空業界の規制が緩和され、羽田《はねだ》―新千歳《しんちとせ》間や羽田―福岡間などの主要路線へ新規参入がなされました。従来の航空運賃の半額という低価格を謳《うた》い文句に、搭乗率九〇％前後の乗客を集めた航空会社もありましたが、既存の航空会社が対抗して値下げをすると、たちまち優位性が失われ、二カ月後には搭乗率が四割程度まで低下してしまいました。こうなると赤字は避けられません。既存事業者も利益を大きく圧迫することになります。

アメリカの航空業界は規制緩和の先輩ですが、一九七八年に規制緩和が実施されると一〇年間におよそ二〇〇社が新規参入しました。価格競争によって大手航空会社も厳しい事業運営を強いられ、国を代表するフラッグキャリアとして長らく君臨していたパンアメリカン航空やイースタン航空といった大手が、姿を消してしまいました。新規参入者も規制緩和後一〇年間で一七〇社が撤退しています。

今でもアメリカの航空産業は厳しい経営環境にあります。金融危機の影響もあって、アメリカ大手航空会社五社の二〇〇八年一二月期の決算はいずれも赤字で、その額を合計すると一兆七千億円にものぼりました。その一方で、一九七一年に就航を開始したサウスウエスト航空だけは、三年後に黒字を計上して以来三五年間にわたって黒字経営を継続しています。二〇〇八年一二月期も、売上高営業利益率こそ五％弱と半減したものの、それでも五〇〇億円ほどの黒字を確保したのは立派です。

**規制強化を活かして市場参入する**

規制は緩和ばかりではなく逆に強化される場合もあります。たとえば環境問題に配慮して自動車の排ガスを規制したり、製品に使用する素材を限定したりする場合がそれにあたります。このような規制強化は既存事業者にとってもハードルが高くなりますが、逆にこうした規制強化を逆手にとって、新規参入できれば成功する可能性が高くなります。なぜならば、厳しい規制強化であればあるほど、それを達成すれば、既存事業者がすぐに追随できないので、競争優位を保てるからです。単に価格を安くするといったような参入では、既存事業者もすぐに追随できますが、新たな規制であれば、既存事業者といえども事業を継続することは困難になってきます。

よく知られているように、世界最初の排ガス規制であるマスキー法をクリアした日本車は、アメリカ市場において既存の大手自動車メーカーよりも優位を築くことができました。

規制緩和ではなく規制強化を市場参入に活かした好例です。

その成功例を示したのが、衛生陶器国内最大手のＴＯＴＯでした。アメリカ市場参入にあたって規制強化をチャンスととらえ、既存メーカーの強みを弱みに変えて突破口を開いたのでした。

トイレというのはその国の生活や文化に根付く習慣とも関連します。また陶器は工業製品ですが、いわゆる焼き物なので、焼きあがり後の体積は二割も減少する極めてアナログ的な商品です。したがって工場での生産も一筋縄ではいかないところがあります。コンピュータで陶器の図面をひいても、工場によって出来上がりに微妙な違いが出てくるのです。

このように衛生陶器市場は、国によって異なる生活事情があるうえに、陶器生産ノウハウの移管の難しさもあって、国内市場が縮小するからといって、おいそれと海外市場へ出ていくわけにもいきません。そうしたなかで衛生陶器の国内市場シェアで六割を誇るＴＯＴＯは、アメリカでの参入を契機に海外での売上げを着実に伸ばしてきています。二〇〇三年度には売上高に占める海外での割合は八・四％でしたが、四年後には一七・四％と実に二倍以上に増えています。

## 便器の節水が成功の鍵に

TOTOがアメリカ市場で飛躍するきっかけとなったのは、一九九二年に改定されたエネルギー政策法でした。この法案では、省エネルギーの対象機種に衛生陶器も含まれ、便器の排水量をそれまでの半分に減らすという新たな規制が盛り込まれたのでした。コーラ社やアメリカンスタンダード社といったアメリカの大手陶器メーカーは、この規制をクリアするために、圧力タンクを新たに設置して水圧を高め、節水をする方法をとりました。これに対してTOTOは、そのような技術に頼らずに自然の重力を利用する方法をとったのです。

衛生陶器の排水は、貯水タンクに蓄えた水を一度に流すことによって行ないます。ここで、圧力タンクを新たに設置するという大がかりな改変を加えたアメリカの大手メーカーに対して、TOTOのとった方法は、あまりにもシンプルでした。

貯水タンクの底にある排水孔《こう》の直径を二インチ（五センチ）から三インチ（七・五センチ）へと広げる――たったこれだけの改良で必要な排水量の半減を実現したのです。ただ単に穴を大きくするだけですから、新たに特別なものを設置する必要はありません。こんな簡単なことならアメリカのメーカーでも気づきそうです。あるいは最初に気づかなくても、すぐに真似《まね》できそうなものです。どうしてアメリカの大手陶器メーカーは、このような発想ができなかったのでしょうか。

その答えは、アメリカ人の生活スタイルにあります。かつて日本でもアメリカの生活スタイルを真似た〝Do It Yourself〟というコピーがはやりましたが、アメリカの家庭では、トイレやバスルームなどの修理や改装を、専門家に頼まずに自分たちで行なう習慣がありまず。そのため、修理用の部品が日用品スーパーなどで売られています。アメリカの大手陶器メーカーは、こうした需要にこたえるために修理用部品を売るための全米販売網を構築していました。排水孔の穴を変えると、それに応じて新しい部品と既存の部品の両方を販売網に提供しなければなりません。全体で見れば、大変な変更になってしまうのです。こうして既存のメーカーは排水孔のサイズを変えることに二の足を踏みます。TOTOはここに目を付けました。

ただ、排水孔の大きさを広げるだけと述べましたが、事はそう単純ではありません。排水孔を大きくしても、水の流れを上手に制御することができないと、半分の排水量ではきれいに排水できないのです。もちろん水の流れを制御する独自技術の蓄積を重ねていたことも、排水孔を大きくするだけで排水量の半減を可能にした理由です。しかも焼き物という扱いにくい製品のなかに、水の流れを活かす独自技術を組み込んでいるのです。ローテクに見える製品のなかに、実は深い技術の蓄積が隠されているのです。

## 伝統と新技術を活かす

ＴＯＴＯが重力を製品に活かしたように、自然と共生する工夫の数々が日本の産業のなかには長い間にわたって培《つちか》われているように思います。そうした日本の強みを、エネルギー法案の改定という規制強化にあたって、見事に活かすことができた例です。

ＴＯＴＯは、部品の販売網に関する弱みについてもまた、新しい技術をうまく活用することによって克服しました。アメリカ市場では新規参入するチャレンジャーでしたから、大手が持つような販売網を構築できていません。だから既存のしがらみにとらわれる必要がないともいえます。ちょうどその頃アメリカでは、ＡＯＬなどのインターネット・サービスを提供する会社が現われ、家庭にも普及してきていました。インターネットを利用して部品販売やアフターサービスのための情報交換が可能となってきていたのです。ＴＯＴＯはそこに目をつけ、インターネットを活用することによって、情報交換や部品の販売網に代わるものを構築することとしました。

伝統産業というものは、古いものをただ継承していくだけではありません。その時代時代の新しいものを取捨選択して取り込んでいくことも、伝統産業を継続していくうえでは大切な要素だといえます。TOTOは、アメリカ市場参入にあたって、この二つの要素を見事に活かすことができました。焼き物や重力の活用といった日本らしい特徴を活かしながら、アメリカで普及しはじめたインターネットという新しい技術を販売網として活用したのです。

TOTOの海外戦略はこれからも続きます。特にヨーロッパでは、まだ全くといってよいほど市場開拓がなされていません。ウォシュレット（日本では一般名詞のように用いられていますが、TOTOの商標です）は、日本を訪問するセレブに大好評で、お土産に持って帰りたいと言われるほどですから、おそらくヨーロッパでも高級トイレとして市場に受け入れられることでしょう。しかしそのときにも、このような新しい製品を浸透させるには、ヨーロッパの国ごとによって異なる文化を尊重しながら、綿密な戦略が必要になってきます。果たして、一〇年後、二〇年後、ヨーロッパの家庭に、どのくらいウォシュレットが普及していることでしょうか。

ウォシュレットの開発も、洗う場所が場所だけに仕様を決めるのに多くの苦労があったことはよく知られています。問題は何かを発見し、それを解決するという姿勢が、この新しい商品の開発を可能としました。そうした企業のDNAが海外市場に参入するうえでも大きな強みになることでしょう。

## コップ半分の水を見て、どう思うか

現場の観察や体験は大切ですが、同じものを見ても人によって解釈が一八〇度違ってくることはよくあります。よく使われるたとえですが、コップ半分の水を見て、「もう半分しか残っていない」と思う人がいれば、「まだ半分も残っている」と思う人もいます。靴など誰も履いていないような国を見て「靴の市場なし」と判断する企業があれば、今は使われていないから「非常に有望な市場」だと結論する企業もあるでしょう。現場を観察することは大切ですが、観察した結果をどう判断するかで、同じ情報を見ても結論は正反対になります。

二〇〇八年という年は企業経営者にとって試練の年でした。資源高に翻弄《ほんろう》されたかと思うと、金融危機から発生した世界同時不況に見舞われるという、まさに歴史に残る年となりました。秋から年末にかけて企業の業績予想の修正が続き、世界のトヨタですら、一一月に減益予想を発表したと思ったら、一二月後半には大幅な赤字業績予想に修正しました。二〇〇九年になると、正社員も含めた人員削減のニュースが連日報道されるようになりました。経営者ばかりか、従業員にとっても試練の時を迎えたのです。

企業に残った社員も一律給与カットなど、将来への不安から消費を抑えるようになります。すると物が売れなくなったり、あるいは価格を下げたりするため、ますます企業の利益は減少し、人員削減によるコスト削減効果を消してしまうかと思われるほど売上げが低下していきます。このような状況となれば、誰しも売上げが下がることを当然と受け止めることでしょう。

しかしコップ半分の水をどう見るかの違いと同じように、この不況を見て、逆に売上げを伸ばすチャンスではないかと考え、実行に移す企業があるのです。

## 「不況こそチャンス」と見たら……

ある大手消費財メーカーは、こうした不況によって、世の中にどのような変化が起きるだろうかと知恵を絞りました。その結果、不況のなかで残業が減れば、父親が飲みに行くこともなく、早く帰宅するだろうという結論を得ました。年末年始に帰省したり旅行に出かけたりすることも減るに違いないとも考えました。いずれにしても、父親が家で過ごす時間は長くなるに違いない。こう推測したのです。

さて、その余った時間をどう活用できるでしょうか。消費財メーカーの企画力が試されます。企画を考えていたのは秋でしたが、これから年末へかけてのキャンペーンを打っていくときに、父親の時間をどう活かせるか、というわけです。

こうした期待を「大掃除を家族みんなのイベントにしませんか？」という具体的なメッセージにこめて、全国のホームセンターやスーパーなどで大々的にキャンペーンを展開したのです。結果は大成功でした。

通常であれば、年末になると父親は仕事や忘年会に忙しく、家にいる時間が短くなります。おのずと大掃除は、主婦に任されがちです。しかし、「不況のため、仕事も忘年会も減ってお父さんが家にいるのだから、この際、掃除に参加してもらったらお母さんも喜ぶだろう。お父さんの分も掃除用具を購入してもらったら、例年よりもむしろ売上げが増えるのではないか」――消費財メーカーはこう考えました。一家にひとつだった掃除用具を一人にひとつずつ売れるかもしれません。主婦だって、大掃除を手伝ってもらえるならと喜んで財布のひもを緩めるでしょう。

不況こそ、男性の家事への参加の絶好のチャンス――という発想が当たったのです。二〇〇八年一〇月―一二月期の売上げを前年同期比で二割から三割も減らした企業が多いなかで、この消費財メーカーは掃除用品の売上げを前年同期よりも増やしたのでした。競合の消費財メーカーもすぐに似たようなキャンペーンを展開したこともあって、大幅な増額にはなりませんでしたが、それでも立派な成果でした。

そもそも職場でも家庭でも整理整頓《せいとん》や掃除をしてきれいにしておくことは気持ちのよいものです。オフィスや工場の掃除が行き届いていない企業の業績はたいてい低迷しています。こうした企業は、社員が毎日一五分早く出社して、始業前に身の回りの掃除をするだけでも業績が上向いていきます。家庭でも同じです。掃除をすることによって、環境が整理されると、自分の心も掃除されます。それまで不況で将来に希望を持てなくなっていたことで頭がいっぱいだったとしても、掃除をすることによって頭をからっぽにし、新たな考えを呼び込むきっかけにもなるかもしれません。この消費財メーカーの企画は、時宜《じぎ》を得たものであっただけではなく、本質的に正しい処方箋《しょほうせん》でもあったのです。

不況のときこそ、売上げ増のチャンスだとみた消費財メーカーの考え方は、まさに「コップ半分の水を見て、どう思うか」の答えを目の前に見せてくれた好例です。

ヒートテックという素材で機能性をうたったインナーを低価格で売り出したユニクロも、逆風下で大きな業績を上げました。ヒートテックは売れに売れて品切れになってしまったほどです。かつてユニクロのフリースが不況時に大ヒットしましたが、このときは商品が行き渡ると売れ行きに陰りが出てきました。フリースは同じものを着ているとわかってしまいます。結果的に苦い教訓が残りました。

しかし、インナーであれば他の人が同じものを着ているかどうか気にする必要はありません。清潔を好む日本人ですから、インナーは複数枚購入することでしょう。ただ安価なだけで業績を上げたわけではありません。安価で高品質であってもまだ足りないのです。そこに「目立たずコストパフォーマンスを取り入れられる」という配慮を加えることによって、大きな成功が得られました。フリースの経験後に、あえて高級志向を持ち出さなかったことが功を奏したのです。

技術を上手に活かす企画力こそが、不況下にあって、かえって活力を与えてくれる源となります。

## アフリカで携帯電話を売るという発想

日本の携帯電話機は世界に冠たる技術力を誇っています。今やパソコンに劣らない機能を提供するまでになり、メールやインターネットも携帯電話ですんでしまいます。日本では若者が自宅でパソコンを持っている率が海外の先進国と比べて高くありませんが、高機能携帯電話の普及がその原因ともいわれています。

このように優れた携帯電話機ですが、世界の市場で日本のメーカーが占める市場シェアは残念ながら低迷しています。国内トップメーカーといえどもわずか一%にすぎません。国内での開発競争にあけくれているうちに海外市場を逃してしまいました。もちろん、メーカーも手をこまねいていたわけではありませんが、GDP世界第二位という大きな市場が国内にあることもあって、私たちの発想はどうしても国内中心になりがちです。たとえば、アフリカ諸国などは、ニュース報道もほとんどされないこともあって、思考の範囲から最初から除外されてしまいます。海外といっても、アメリカや中国がせいぜいで、ヨーロッパやアフリカなどは地理的な遠さもあって、最初から視野に入りません。

そもそも、電気設備のインフラすら整っていない開発途上国で携帯電話なんて売れるはずがないと思うことでしょう。しかし逆に、そこをチャンスと捉える企業が現われます。ここでも「コップ半分の水」に対する見方の違いが出ます。

中国の大手通信機器メーカーは、二〇〇九年二月、バルセロナで開かれた世界携帯電話会議で、開発途上国向けの携帯電話を発表しました。この新モデル、機能らしい機能はついていません。そして、その動力は太陽電池なのです。

日頃、太陽電池付き電卓や腕時計を当たり前に使っていて、その便利さを忘れがちですが、携帯電話も充電不要になればさぞかし便利なことでしょう。しかし高性能な諸機能を備えている携帯電話となると、太陽電池で発電できる電気量ではまかなえません。そこで中国の通信機器メーカーは、機能を徹底的に削り、消費電力を極力抑えることによって、携帯電話機でも太陽電池で動かすことを可能にしたのです。また機能を削った結果、価格も二千円前後と驚くべき低価格にできるようです。

世界には、電気が通っていなかったり、基地局が設置されていなかったりして、携帯電話を使うことが難しい地域に住む人が二〇億人いるといわれています。実に地球人口の三人に一人は、携帯電話を使える環境にはないのです。そこに大きな市場機会があるとみたこの通信機器メーカーは、その市場のボトルネックとなっていた充電や価格を解決する製品を開発したのです。

国内メーカーも遠い外国の話だと高《たか》をくくっていると、低価格パソコンの参入によって国内市場が急変したパソコン業界の二の舞になりかねません。海外で普及した低価格携帯電話機が、やがて国内に参入してきたら、一桁《けた》以上も高価な携帯電話から乗り換える消費者も出てくることでしょう。世の中の変化は突然起こるようにみえますが、このようにすでに起こっていることがやがて目の前に現われてくるのです。世の中の変化に敏感になり、それに対してどのような技術を開発するか、準備を怠らないことが大切です。

**想定外の使われ方まで考えられるか**

家庭用電気マッサージ器のカバーをはずして使用した女性が、マッサージ器のローラーに衣服の襟《えり》が巻き込まれて窒息《ちっそく》死したという痛ましい事故がありました。このマッサージ器は足の裏をマッサージするものですが、どうして窒息死するような事故が起こったのでしょうか。

事故を起こした製品は一九八三年から八八年に出荷され四二万台を販売したといいます。布に覆《おお》われたローラーが回転し、マッサージ効果を得るというものです。メーカーとしては、足裏のマッサージ器として販売したのですから、想定もしていなかった死亡事故といえます。

メーカーが想定していなかった点が二つありました。まず利用者が足裏のマッサージ器を首のマッサージ器として使用した点です。しかし、よく考えてみれば、足裏のマッサージを必要とするような人は、おそらく首も凝《こ》っていると思われます。しかもこのマッサージ器が温泉などにおいてあるような大型のものであれば首のマッサージに流用することは物理的にできません。ところが、簡単に位置を動かせるような大きさと形状だったので、首に転用する人が出てくることは十分に予想がつきました。実際、このマッサージ器を製造していたメーカーは、現在発売しているマッサージ器では足裏だけでなく首や肩にも使えることをうたっています。

もう一つこのメーカーが想定していなかったのは、布カバーをはずして使用してしまうことでした。たまたま布カバーをはずしてマッサージをしたら、効果があったのかもしれません。あるいは、意図的にはずしてしまったのかもしれません。想定外だったのは、衣服の襟を巻き込み、窒息させてしまうほどのローラーの回転力でした。もともとこのメーカーは、モーターを製造する企業でした。低速でも力強いモーターという特徴を足裏マッサージ器に活かしたのです。ところが、この事故では、その特徴が裏目に出てしまいました。

メーカーが想定していないような使い方が事故につながる場合もあれば、新しい製品開発のヒントになる場合もあります。そのような想定外の使い方を知るためには、市場に出した製品の使われ方を丹念に追跡調査する必要がありますが、製品開発者は次の開発に忙しく、普通はそのような時間的余裕はありません。しかし、製品のサポート部門には、開発のヒントが寄せられたり、担当者が少し質問をするだけでヒントが得られたりする可能性が十分あります。

想定外の使い方を次の開発に活かそうとする企業は、製品のサポート部隊を営業や開発部隊の隣に(物理的に)配置していたりします。遠く離れたコールセンターにサポートを集中させることは効率がよいことかもしれませんが、想定外の使い方から開発のヒントを得るには不都合といえます。コールセンターのオペレーターは、そのような想定外のことを収集するように命じられていないのです。余計なことをすれば、オペレーターとしての効率が悪いと切って捨てられてしまいます。

このような痛ましい事故を二度と起こさないだけでなく、新しい開発のヒントを得るためにも、製品を使用する現場から学ぶことはたくさんあります。

**個々の問題を解決するのがソリューション**

ひところＩＴの世界でソリューションという言葉がもてはやされました。その背景には、製品が細分化されすぎて、利用者にとって不便なことが増えてきたことがあります。たとえば、インターネットもなく、電話機もレンタルだった時代の電話であれば、何か問題があれば電電公社（当時）に連絡すればよかったわけです。しかし、インターネットが使われるようになると、電話会社、インターネット・サービス・プロバイダー、パソコン、ソフトウエアなど、個別に製品やサービスを提供する会社が細分化されてきます。インターネットを利用するためには、こうしたすべての製品やサービスを利用者が個別に購入し、設定しなければならなくなりました。電話の世界でいえば、それまで電話会社が行なっていたことを、利用者がすべて対応しなければならなくなったのです。何か問題が起こると、パソコンが悪いのか、ソフトウエアが悪いのか、あるいはインターネット・サービス・プロバイダーが悪いのか、それぞれの間の相性に問題があるのか、わかりません。複雑になって、わからない結果、かえって問題解決が利用者に押しつけられてしまうという、本末転倒な事態を招いてしまいました。

企業においても事情は同様です。むしろ様々な情報システムを導入しているだけに、さらに事情は深刻かもしれません。ＩＴの世界は、技術が日進月歩で、システムが安定稼働《かどう》した頃には、一部の機能をアップデートする必要が出てきます。すると、システムを運用しながら、つぎはぎで新しい機能を追加したり更新したりということが起きてきます。そのため、本来は便利で役立つはずのＩＴが、かえって業務の足を引っ張ることになりかねません。

こうした状況を解決しようと登場したのが、ソリューションという考え方です。ひとつひとつ個別の製品を販売するのではなく、顧客の立場に立って、一括して情報システムの設計、構築、運用までサービスをしましょう、というものです。利用する企業にとっても面倒なことをまかせることができれば手間が省けます。提供する企業にとっても、売上げの規模が大きくなるばかりか、運用まで請け負えば、長期間にわたって安定した収入が期待できます。

このようにソリューションというのは、誰にとってもメリットのある概念のように思えます。しかし、現実はそれほど単純ではありません。ソリューション（解答）というからには、必ずプロブレム（問題）があるはずです。顧客に問題があるから、それを解決してあげましょう、というのが本来のソリューションの定義です。問題というのは、顧客によって異なります。ところが、提供側の論理としては、個別の企業ごとに対応していたのでは手間がかかって効率が悪いので、標準的なものを使うように提案していきます。提案ならまだしも、場合によっては、標準品を使わない企業は負け組だと脅しをかけたりしかねません。しかし標準品というのは、誰にでも適しているようで、誰にも適していないものなのです。利用者からすれば、自分たちには不要な機能が入っていたり、逆に必要なものがなかったりします。ここに大きな矛盾があるのです。

本当の意味でのソリューションは、個々の顧客にとって意味のあるものでなければなりません。顧客ごとに異なるソリューションを提供することは、企業側からすると手間がかかります。本来ソリューションを提供するということは、企業にとって二律背反《にりつはいはん》の関係にあるのです。個別の企業のニーズに対応できる部分と、どの企業にも共通な部分とに分けて作ることが最低限必要となります。提供側としては、できるだけ共通部分を多くし、個別の顧客のための対応部分を少なくしたいわけです。しかし、個々の顧客にとっては、自分だけに適したシステムになってほしいわけです。この両者のせめぎあいが、ソリューションの本質です。

顧客の我儘《わがまま》を満足させるソリューションを提供するという二律背反を実現することこそ、技術者が挑戦すべき課題といえます。次の章では、そうした視点で、技術者の企画力について考えてみたいと思います。

# 第3則　使う人が求める**究極の我儘《わがまま》**こそ、発想基準

## 技術者の常識を捨てていますか？

## 定期券が一人ひとり違うということ

毎年新学期が始まる時期になると、駅の定期券売り場には新しい定期券を求めて長い行列ができます。通勤定期は自動券売機で購入できるようになって行列も以前に比べて減りましたが、学生は学生証を見せて購入する必要があるため、延々と窓口に並ばなければなりません。行列ができることがわかってはいても、一日でも定期券を有効に使うためにぎりぎりまで買わなかったり、学生証をもらえる時期まで待ったりするため、どうしても一時期に集中しがちです。

日本の鉄道やバスの定期券は、一人ひとり有効期限も乗降駅も異なるために発券の時間がかかり、一時期に購入者が集中するとどうしても長い行列ができてしまいます。定期券の有効期限や乗降駅が一人ひとり違っていることを私たちは当たり前のように思っていますが、これほど定期券がパーソナル化されている国は、世界広しといえども、おそらく日本くらいではないでしょうか。

外国にももちろん定期券はありますが、乗降駅は五つくらいのゾーンで大まかに分けられていたり、有効期限も統一されていたりします。実際に筆者がアメリカのボストンに住んでいた当時、そもそも地下鉄に定期券があったように記憶していまで、バスと地下鉄で通っていた当時、そもそも地下鉄に定期券があったように記憶していません。バスを利用するときには、パスと呼ばれる定期券に近いものを購入して使用していましたが、日本の定期券とは全く異なるものでした。

それは、全区間有効な月ごとの定期券で、たとえば四月の定期券（パス）を買うと、四月の間はバスの乗り降り自由というもので、誰もが同じ定期券を使うことになります。翌月にはまた五月だけの定期券を購入します。見分けやすいように定期券の色は月によって違います。遠くからみても一目でわかるようになっているのです。日本のように、一人ひとり違う駅名と有効期限が記載されているような定期券ではありませんでした。

定期券をチェックするバスの運転手の立場でいえば、四月なら四月の色かどうかを、五月には五月の色かどうかをチェックすればよいので、有効な定期券かどうかは一目瞭然です。ところが日本は違います。自動改札機が導入されるまでは、駅員が一人ひとりの異なる定期券の有効性を瞬時に判断するという、外国人が見たらまるで神業《かみわざ》のようなことをしなければならなかったのです。

**パーソナル化の先進国・日本**

たかが定期券ですが、日本と外国の定期券事情の違いから、外資系企業が日本市場に参入するにあたって、注意すべき点がみえてきます。もちろん、日本企業が海外の市場へ参入する場合も同様です。

外資系企業が日本市場に参入するにあたってとりがちな戦略に、世界共通の規格化された製品やサービスを日本市場にもそのまま販売しようとすることがよくあります。世界中で売れているのだから、日本でも売れるはずというのが本社の意向です。そもそも世界市場へ進出するということは、同じ製品をできるだけたくさん販売することによって製造コストを下げることが目的の一つですから、言語など必要最小限の変更はするにしても、できるだけ同じ製品を日本でも販売したいと企業が考えるのも無理からぬところです。それが、本質はともかく、グローバル化についての一般的な考え方です。

ところが、外資系企業が日本に持ち込む製品やサービスの多くは、そのままでは日本の消費者には受けいれられません。もちろん高級ブランドやデザインに優れた携帯音楽プレーヤーなど例外はあります。しかし、過去からの習慣が続いているところに、違うもの、特に消費者からみて性能やサービスレベルが下がるものは、なかなか売れないのです。

外資系企業の日本法人は、日本市場には受けいれられないような製品やサービスだとわかっていても、本社の意向に従ってそのままの形で売ろうとして苦労します。もちろん英語を日本語に変更するくらいのことはしますが、開発部門を日本に持たない場合、製品そのものを日本市場に合わせるようなことは本社を説得しない限りできません。

顧客からは、ここを変更してほしいという要求がそれこそ山のように出てきます。日本法人の担当者はその要求を本社にあげますが、そのような面倒な変更を行なっていたのではコストがかかり利益を圧迫するので、本社はなかなか首を縦にふりません。それどころか、他の国々では標準品が売れているのに、日本で売れないのは、日本法人の能力が低いのではないかと疑ってかかってきたりします。

定期券に違いがあるように、極度にパーソナル化された日本市場の事情を理解していないために起こる衝突です。いえ、たとえ理解したとしても、そのためのコストを増やすようなことはおそらくしないかもしれません。

**使う人の「違和感」に気が付くか**

製品を提供する側からすれば、筆者が体験したボストンのバスの定期券のほうが、運用も含めて圧倒的にコストがかからないでしょう。定期券の利用者が、長い行列に並ぶのも、少しでも経費を抑えようとしているわけですから、ボストン方式の定期券でも、結果的に安くなるのであれば、受けいれてくれるでしょう。そもそも定期券の場合には、顧客の側に選択の余地が少ないので、受けいれざるを得ません。

しかし、鉄道会社にすれば、これまで使用してきた仕組みやシステムをある日を境に一気に変更することは現実的でありません。たとえ利用者にも会社にもメリットがあるとわかっていても簡単に導入するというわけにはいかないのです。

新しい製品やサービスを市場に導入する場合には、こうした見えない壁を越えていかなければなりません。合理的に考えれば売れて当然なのに結果が芳しくない理由は、消費者の気持ちや企業のそれまでの慣習などへの配慮が不足していることが考えられます。自分の身の回りの環境であればまだしも、海外のようにそこでの生活環境や習慣などに通じていなければ、そうした違いがあることにすら気が付きません。

ある韓国の大手財閥系企業では、グローバル市場で成功するために、社員を世界各国に住まわせ、国ごとの生活習慣になじませようとしています。仕事で世界各国に派遣するのは普通ですが、この企業の場合、派遣された社員は仕事をする必要はありません。その国の生活者としての経験をさせるという、一見無駄なように見えて周到《しゅうとう》に考えられた戦略がありま す。製品開発をするうえでは、そうした地道な情報収集が欠かせません。

イタリアのボローニャにあるIMA社は、ティーバッグと薬品の充塡《じゅうてん》包装システム機械で世界一と言われています。このIMA社が、日本の大手食品メーカーから緑茶のティーバッグ用包装機械の注文を受けたときのことです。最初はリプトン紅茶などと同じように、ティーバッグの口をホチキスで留めていたのですが、IMA社の社員が実際に日本に住んでみて日本人の価値観を体験すると、ホチキス留めの「違和感」に気が付きます。日本人が根拠としているのは、お湯にいれるティーバッグにホチキスがついていることなどありえない、その安易な印象といい、金属という素材といい、いかにもお茶にはなじまない、そういう感じ方を持つ文化なのだということを実感します。

そこでIMA社は、ホチキスの代わりに『糸で綴《と》じる』ことを考えるのですが、その技術開発は容易ではなく、実に三年もの年月をかけたといいます。しかし開発した『糸で綴じる』包装機械は日本の食品メーカーばかりか、今ではリプトン紅茶などのティーバッグにも使われるようになっています。日本の消費者の我儘《わがまま》が、実は世界の消費者にとっても価値のあることだったという、一つの例を示しているのです。

## 特殊な市場と厳しい要求

ボローニャのＩＭＡ社は日本の消費者向けに『糸で綴じる』包装機械を開発することによって自社技術を磨くと同時に、世界へ売れていくグローバル製品を開発しました。もしＩＭＡ社が、日本の大手食品メーカーの要求を受け入れずにホチキス留めの包装機械にとどまっていたら、技術は磨かれることもなく、世界市場へ売っていける製品開発もできなかったことでしょう。やがて技術力も製品力も落ちていったに違いありません。

ＪＲ東日本が導入したＳｕｉｃａ《スイカ》も、日本の市場を反映した成功事例です。ＳｕｉｃａやＪＲ各社が導入した類似カード、さらには私鉄各社が導入したＰＡＳＭＯ《パスモ》は、瞬《また》く間に日本全国に広がりました。しかも鉄道だけではなく、電子マネーとしてコンビニなどの少額決済にも使われるようになってきました。ＳｕｉｃａとＰＡＳＭＯを合わせると実に四千万枚ものカードが発行されています（二〇〇九年四月現在）。

Ｓｕｉｃａとよく似たカードにオクトパスカードというものがあります。香港の地下鉄で使われていますが、実際に導入されたのはＳｕｉｃａよりもオクトパスカードのほうが先でした。

Ｓｕｉｃａとオクトパスカードの違いの一つに、前に述べた日本特有の定期券の事情がありました。日本ではパーソナル化された定期券が使われていますから、Ｓｕｉｃａでもパーソナル化できるようにしなければなりません。つまりＳｕｉｃａカードに印字でき、かつ書き換える印刷技術を開発しなければならなかったのです。オクトパスカードではそのような必要がないので、印刷技術を磨くということが起こりませんでした。

日本のように、パーソナル化だけではなく次々と難しい要求をしてくる市場は企業にとってまことに面倒なものです。しかし、難しい要求にこたえることによって技術が磨かれ、新しい製品を次々に生みだしていく活力となります。問題は、そうした製品開発に適した市場のみに閉じていたときに、事業として研究開発投資に見合わない場合が出てくることです。

たとえば、日本の携帯電話機の技術は二〇〇〇年代前半には世界をリードしていましたが、残念ながら、その技術優位性を事業のグローバル化に結びつけることができませんでした。国内では多くの携帯電話機メーカーが技術を競い、次々に新製品を開発していきます。単なる電話機能から、パソコンやテレビ機能までもが携帯電話機に搭載されるようになり、ハードウエア面でもソフトウエア面でも開発の複雑さは増大してきています。日本の携帯電話機ユーザーはそうした恩恵を受けているわけですが、一方で、機能が複雑すぎて使いきれない機能まで搭載されるようになっています。競合他社との開発競争を意識するあまり、利用者不在の機能追加を繰り返し、日本の携帯電話機メーカーは世界の市場でリードをすることができませんでした。

技術優位性を企画に結びつけていく過程でのさじ加減が難しいのです。

**日本で商品開発力を磨くグローバル企業**

これに対して、日本の市場を新しい製品開発のテスト市場と位置づけ、ここで開発した製品を世界の市場へ売っていくということを実践しているグローバル企業もあります。

P&Gはマーケティングのお手本の会社として知られていますが、日本市場攻略にあたっては、必ずしも米国流のマーケティングが通用しないことを理解しました。データ至上主義の米国流を一度忘れ、日本の消費財メーカーと同じように、消費者に密着して商品開発をすることを実践したのです。品質や性能やそのうえコストにも厳しい日本の消費者に受けいれられる製品を開発し、日本市場で成功させたばかりでなく、その企画を世界に売れる製品へと進化させ、日本での製品開発投資に見合うリターンを得ているのです。その結果、二〇%という高い利益率を誇り、それを再び研究開発投資に回すことができます。日本市場だけに閉じていると、販売管理費の割合が増え、どんなによくても利益率は一〇%どまりとなってしまいます。

P&Gのような手法を飲料メーカーや食品メーカーも取り始めています。ザ コカ・コーラカンパニーは、日本市場では厳しい競争環境にあります。日本コカ・コーラでは非炭酸系飲料の売り上げ比率はおよそ七五%程度にまで達するといわれ、世界市場に比べて非炭酸系飲料の割合が二倍以上と大きなことが特徴です。しかも炭酸系飲料と違い競争が激しく、コカ・コーラの強みが活かせません。そうした厳しい競争のなかで日本コカ・コーラ独自で開発したブランドが非炭酸系飲料を中心に二〇以上にものぼっています。これは世界のコカ・コーラのなかでも最多となっています。

世界市場では今でもコカ・コーラの売り上げ比率が六〇%程度と大きいのですが、成長率という点では世界市場でも非炭酸系飲料が伸びています。こうした背景のなかで、日本市場での非炭酸系飲料の開発ノウハウを世界市場に展開するため、日本コカ・コーラで長年製品開発とマーケティングに携わった責任者を米国アトランタの本社に異動させています。

グローバル企業で日本市場の活用の仕方に気づいた会社は、このような動きを見せています。日本企業も徐々にこうした動きを取り始めています。欧州からの要望をヒントに製品開発したパイロットコーポレーション（以下パイロット）は、消費者の我儘《わがまま》を満たす製品を開発した成功事例だといえるでしょう。

**ボールペンで書いても、消したいときは消えてほしい**

鉛筆には消しゴムといったように、筆記用具があるところ必ず消す道具が必要になります。トンボ鉛筆のMONOは、プラスチックを素材とした消しゴムで、ヒット商品でもありロングセラーでもあります。社名に鉛筆とありますが、実は消しゴムも重要な製品だといえます。

鉛筆は消しゴムを使って文字そのものを消すことができますが、ボールペンや万年筆のインクではそうはいきません。修正液やテープをインクの上に塗《ぬ》ることによって、消すという効果を出しています。しかし修正液ですと乾くまで時間がかかりますし、塗ったところは盛り上がっているので、その上に重ねて文字を書くときには不便です。修正テープは、その欠点を解決したものといえますが、それでも時間がたつと消したはずの文字が浮き上がってきてしまったりすることがあります。

ボールペンや万年筆も消しゴムで鉛筆の文字を消すように、インクそのものを消せれば便利なのに……そういう我儘なことを言う人が時々います。そもそもボールペンや万年筆というのは、鉛筆と違って消えないから使っているのですから、矛盾した要求です。つまり、普通の状態では、インクとして消えないで残ってほしい。しかし、自分が消したいときだけ、インクを消したい。しかも、修正液やテープのように一時しのぎのものではなくて、インクそのものを消してほしい、というのですからなんとも我儘です。

さらに消費者の我儘は続きます。消しゴムや修正液などで消すとなると、筆記用具以外の文房具が必要です。会社や自宅にいるときには、それでも机のなかにいれておけばよいでしょうが、外出先にいちいち修正液やテープなどを持っていかなければならないのは、不便です。そんな道具を持ち歩かなくても、インクを消せないのでしょうか。

こうした要求をまとめると、消費者が求めている筆記具の理想は次のようになりました。

(1) ボールペンや万年筆で書いたインクを、自分の消したいときだけ消せること
(2) 消すための道具を別途必要としないこと

メーカーの技術者だけでなく、誰が考えても、そんな夢のような筆記具はありえないと思うことでしょう。ところが、この夢を実現してしまった会社があります。万年筆で有名なパ

イロットです。

## 三〇年眠っていた失敗研究

この我儘な要求を聞いたパイロットの技術者は、ある失敗研究を思い出しました。三〇年ほど前に、万年筆のインクを開発していた彼は、手を当てるとその体温で温まった部分が消えてしまったことを思い出しました。万年筆のインクとしては、時間を経ても、光・熱・湿度などの環境変化によっても変質しないのが良いインクですから、体温で消えてしまうようなインクは失格です。

今回のようなコンセプトにはまさにこのインクが使えるかもしれません。ただし、体温でインクが消えてしまうようでは、消したいと思わないときにも消えてしまうので、不都合です。インクが消える温度はもっと高くしなければなりません。しかしあまり高すぎて消すときに紙に影響を与えてしまってもいけないのです。適度な温度でインクが消えるように研究を進めなければなりませんでした。

またこのインクは、一度消してもある温度まで下がると再び現われてきます。再びインクが現われる温度はできる限り下げなければなりません。

パイロットの技術者たちは、三〇年間眠っていた失敗研究を引っ張り出してきて、こうした要求を満たすように成分の調整を工夫したのです。具体的には、六五度になるとインクが消えるようにすることに成功しました。また再びインクが現われる温度をマイナス二〇度まで下げることにも成功しました。こうして実用化の目処《めど》がたったのです。

この技術ではインクが消える温度（六五度）と再び現われる温度（マイナス二〇度）が異なるところがミソです。やや専門的になりますが、このように、過去の履歴によって、インクが現われたり消えたりする、温度に違いが出るような現象をヒステリシスといいます。ヒステリシスという現象はインクだけではなく、磁石などにも現われます。ある物質が磁気の性質を持つときと持たなくなるときの臨界点が過去の履歴によって変わるときも、こうした現象をヒステリシスと呼びます。この現象をうまく使うと、パイロットが開発したような面白い製品ができます。

さてパイロットはこのインクをボールペンに適用して、ヨーロッパで先行発売しました。フランスなどの国では、鉛筆やシャープペンシルよりもボールペンや万年筆を使う習慣があるためニーズが高いだろうとの狙いでした。結果は狙い通りでした。それから一年後に日本でも発売され、国内で年間一千万本という大ヒットにつながったのです。世界でも三年間に一億本を売るヒット商品となりました。

この製品開発は、かつて失敗だとされた研究をもとに、消費者の究極の我儘を見事に満足させた製品ですが、三〇年も前の失敗研究を活かすことができたのは、社内に技術の蓄積がなされていたためです。研究開発の成果があがらないと短期的な視点でリストラをしてしまうような組織では、このような成功事例は起こらないでしょう。それどころか、リストラされた技術者が転職先で技術を製品化してしまうかもしれません。

このボールペンでは、ペン先と反対側に硬質素材をつけて、そこでインクをこすることによって摩擦熱でインクを消すことができます。ボールペン以外にも様々な応用が可能です。蛍光ペンにも使えます。その場合、ドライヤーを使えば、紙をこすることなく、広範囲でインクを消すこともできるでしょう。

**面倒なことほど解決してあげる**

消費者の我儘はまだまだ続きます。家庭の主婦にとって、掃除は頭痛の種です。掃除はしなければならないものですが、できるだけ短い時間ですませて効果をあげたいもので、あるいは誰かに代わってほしいものです。そうしたニーズにこたえて、床を掃除するロボットも発売されています。今はまだ人間のようにはいきませんが、やがて進化して掃除ロボットが普通に使われるようになるでしょう。

しかし掃除は床掃除ばかりではありません。トイレや調理場や家電製品など掃除を必要とするものは複雑多岐《たき》にわたっています。そのようなものまで掃除してくれるロボットの実現はまだまだ先になりそうです。

ところが発想を変えて、それぞれの製品が自分で掃除をしてくれるとしたらどうでしょう。そうした要望にこたえて、掃除機能のついた家電製品が増えています。

たとえばクーラーのフィルターがそうです。季節が変わって、クーラーを使用する前に、フィルターを掃除するのは相当に面倒なものです。だいたい正式な掃除方法さえわかりません。あるメーカーが自動掃除機能を搭載したクーラーを発売すると、たちまち人気を博し、他社も追随するようになりました。

またトイレ掃除も自動で行なう製品が開発されています。もっと大掛かりになるとビルの窓ガラスの清掃なども光触媒《ひかりしょくばい》という技術を使って、掃除不要をうたっているものも出てきました。

このように掃除を不要にするという視点で多くの製品が差別化を図るようになってきたの

は、異なる技術分野が共同作業を行なう接点が増えてきたからといえそうです。たとえば、クーラーに掃除機能が入ってきたということは、そこに掃除機の開発をしていた技術者が関与しているはずです。

企業の製品開発の現場では、クーラーを開発する人と、掃除機を開発する人は、普通は所属部署が異なっているものです。製品から撤退するということでもなければ、それぞれの技術者が交流するということもあまりないでしょう。クーラーならクーラー一筋、掃除機なら掃除機一筋、といった開発が続きがちです。こうした専門特化した開発体制にはその分野での技術や生産ノウハウ、さらにはマーケットニーズなど多くの蓄積がなされていき、それが次の製品開発に活かされることになります。また製品開発サイクルを早くすることができ、次から次へと新製品を開発することができます。日本市場のように、新製品を短期間に開発しなければならない場合にはまことに都合のよい開発体制といえます。

しかし一方で、こうした開発体制は、ややもすると袋小路に入りがちです。掃除機能付きのクーラーといった発想はなかなか出てきません。そこには、クーラーの技術者と掃除機の技術者が一緒になることによって、初めて可能になってくる場合があります。掃除機の技術者にとってみれば、自分の技術が掃除機という製品として世の中に出るわけではありませんが、クーラーという製品の中に自分の技術が採用され、しかも消費者に喜ばれるわけですから、掃除機以外に技術の間口が広がったと喜んでよいでしょう。

しかし、当初は掃除機能という謳《うた》い文句にひかれて購入する消費者も、やがて掃除の効果が見えないと、その機能が果たして有効なのか、あるいは最初は有効であったとしても、やがて無効になってしまっているのではないかと不安になります。すなわち、掃除機能が果たしてどのくらい効果があるのかを消費者に見せてあげる必要があるのです。

これがトイレの洗浄効果をうたう製品であれば、ある程度目に見えます。ある程度といったのは、除菌効果のようなものまでは目に見えないので、あくまでも目に見える範囲での洗浄効果に限られるという意味です。

家庭の水道の蛇口につける浄水器では、フィルターの交換時期を知らせるために、汚れ具合を色の変化で知らせるようになっています。これがあれば、必要な時期にフィルターを交換して、消費者はいつでもきれいな水を飲めますし、企業にとっても交換用のフィルターが売れるので、まさに両者にとって好都合です。

掃除機能を付加したクーラーで、掃除機能が有効かどうかを見せるためには、さらに新たな技術が必要となってきます。クーラーの技術者と掃除機の技術者が一緒になって、新たな製品が生まれたように、さらに他の技術分野が加わることによって、製品がまた進化していくことになるのです。

消費者の我儘を満足させたくても自分たちの技術ではとうてい実現できないとあきらめてしまいがちなのは、技術者が必要な技術を自分の分野に限定して考えてしまうからです。

**究極の我儘——パーソナル化**

なくて七癖《ななくせ》という言葉がありますが、私たちは、商品を使うときにも、一人ひとり癖があります。そうした癖にはずっと変わらないものもあれば、時間とともに変わっていくものもあります。そうした自分の癖を理解し、自分の癖に合わせてくれる商品があれば、こんなに便利なことはありません。いわば究極のパーソナル化です。

ハードウエアで一人ひとりの癖に合わせようとすることは、本当のオーダーメードになってしまいます。またたとえオーダーメードで作っても、使用しているうちに、癖が変わってくると、オーダーメードで作った意味がありません。

こうした難しい要求にこたえられる可能性を持っているのが、ソフトウエアの領域です。たとえば、ワードプロセッサーで文章を書くときに『かな漢字変換』をしますが、たくさんある漢字候補のなかで、自分がよく使う漢字が候補の上位に出てくると便利です。これはコンピュータが利用者の癖を覚えていて対応してくれるわけです。しかも、その癖が変化してもコンピュータもその変化に対応してくれます。同じ人が使っても、変換する漢字の頻度が、文章の内容によって変わってくることはよくあります。

『かな漢字変換』のパーソナル化機能はよくできた例ですが、世の中のほとんどの製品はこうしたパーソナル化ができていません。テレビやビデオのリモコン一つとっても、たくさんのボタンが並んでいますが、そのうちの使うボタンは限られてきます。頻繁《ひんぱん》に使うボタンがどれかが最初からわかっていれば、メーカーは限定したボタンだけを表面に出すようにできるでしょう。しかし、最初からそうした絞りこみができないために、あれもこれもとボタンをつけて、結局使いにくいインターフェースになってしまっています。しかし、『かな漢字変換』のように、ソフトウエアをうまく使うことによって、まだまだ改善できる余地はありそうです。

こうしたインターフェースのパーソナル化は製品そのものが一人一台のパーソナルな製品になることが前提です。ワードプロセッサーもコンピュータが一人一台のパーソナル・コンピュータになったからこそパーソナル化の意味が出てくるのです。これが複数の人が一台のコンピュータを共有する時代には、意味を持たなかったことでしょう。電話も一家に一台から一人一台の携帯電話になってくるとパーソナル化が意味を持ってきます。

改めて身の回りを見まわしたときに、一人一台になってきているものは、意外と多いことに気づきます。それなのに、インターフェースのパーソナル化がなされていない製品がなんと多いことでしょうか。成熟製品だとあきらめる前に、まだまだ技術者にはやるべきことが残されています。

しかも、ヒューマン・インターフェースの技術的課題は想像以上に大きいものがあります。音声認識がその一つでしょう。技術的には研究し尽くされた感がありますが、実用的に使われているとはいえません。不特定多数の人を相手にすることは難しくても、パーソナル化に限定すれば、工夫の余地はありそうです。大切なのは、優れたヒューマン・インターフェースには、音声認識技術だけでなく、人工知能など他の分野の技術も総動員する必要があるということです。掃除機能付きクーラーが異なる分野の技術が組み合わさってできたように、複数の専門分野の技術者が問題解決に協力する必要があります。技術は専門分野に細分化されているので、このような多分野にまたがる技術を総合化するのは苦手です。とはいえ、ここまで専門的な話になると、一般的な文系社員にはお手上げです。だからこそ、技術者の企画力が、その力量を試されるところです。

## 究極の我儘が、将来の標準になる

最後によく知られたところで、検索サービスのグーグルによる典型的な成功例をあげておきましょう。

このグーグルが出現するまえにも、インターネットの検索サービスは、次々と出現し、淘《とう》汰《た》され、もはや出尽くした感がありました。しかし、そこにグーグルの検索サービスが出現し、あっという間にリーダーとなってしまったのです。

グーグルの検索サービスの大きな特徴は、検索結果のリストのなかで重要なサイトほど上位に来るということです。今では当たり前ですが、かつては、必ずしもそうではありませんでした。グーグルは、各サイトの重要度を定量的に評価するアルゴリズムを考案しました。

そのヒントとなったのは、研究論文の評価指標のひとつである『他の論文からの引用の多さ』です。科学技術の世界の研究者であれば、こうした指標は誰でも知っています。グーグルを創業した二人ももちろんそうした指標があることは知っており、スタンフォード大学の博士課程在学中にその考え方に基づいてグーグルの検索アルゴリズムの原型となる研究を行なっています。

グーグル創業者たちは、研究論文の引用にならって、インターネットのサイトも他のサイトからたくさんリンクを張られているサイトを重要と判断することとしたのです。しかも、重要なサイトから引用されているものは、それだけ重要度を増すように重み付けをしました。言ってしまえば簡単な原理ですが、この結果、グーグルの検索結果は、重要なサイトほど上位に来るという、ユーザーにとって至極《しごく》当たり前ではあるものの、それまで実現されていなかった検索結果を提示することができたのです。

グーグルの成功は、検索結果の品質向上に留まりませんでした。もう一つの成果は、検索したい内容に合わせてスポンサーのついたサイトを表示するという広告連動型の検索サービスを提供したことです。それまでのインターネットサイトの広告は、ユーザーの興味とは関係のないものが表示されていました。ユーザーはこのバナー広告を煩《わずら》わしいものと感じ、広告スポンサーにとってもコストパフォーマンスの低い広告手法だったのです。インターネットの双方向性という特徴を活かせない、旧来のメディアと同じ発想の広告手法でした。

グーグルが提供したものは、その弱点を補い、ユーザーの興味に合わせたサイト情報を出すというものでした。具体的には、ユーザーが検索のために入力したキーワードの権利を購入したスポンサーのサイトが表示される、というものです。考えてみれば、これも単純な発想ですが、むしろ単純だからこそ成功したのでしょう。

このようにグーグルはインターネットサイトをリンクの張られ方から格付けをし、重要度の高いサイトから検索結果を表示するということを可能にしました。また、検索に使用される言葉に連動してサイトを表示させるという広告連動型検索サービスを提供したのです。広告スポンサーにとっては、効果が疑問なそれまでのバナー広告よりも、ピンポイントで興味を持っているユーザーへサイト情報を提供することを可能としました。しかも、グーグルは、その検索用語を広告スポンサー同士でセリ落とさせるという巧妙な仕掛けを作って、ビジネスとして大きな成功をおさめています。

「使えるサイトから順に見たいな」

「見当違いなバナー広告が煩わしいな」

こうした利用者の感覚はもはや「我儘」といえるものではなくなりました。このことは、そうした考え方が、利用の基準になったことを意味しています。つまりグーグルは、利用者の商品に対する価値基準を変えたのです。「そんな我儘なことを言われても、無理だ」と決めつけた技術者はすべて淘汰されたのです。

# 第4則　はじめに**コンセプト**ありき

——技術主体の目標設定をしていませんか？

## 技術ロードマップという錦《にしき》の御旗《みはた》

技術を磨くことに生きがいを感じる技術者であれば、放っておいても技術の向上に力を注ぐことでしょう。技術者も人間ですから、他の人との競争を意識し、それによって技術の進歩はさらに加速されます。ノーベル賞に代表されるような科学の世界でも、真理を発見したいという純粋な気持ちもさることながら、誰よりも先に発見したいという強烈な競争心があることは誰もが認めることでしょう。

技術の競争には、勝ち負けがはっきりするような目標が必要です。使い勝手のよさとかデザインの素晴らしさとかいうことも、製品を利用する消費者の立場に立てば大変重要ですが、勝負の白黒をつけるのにはあいまいなので、どうしても数値目標として表わしやすいものを基準としがちです。

企業では技術の数値目標とそれを達成するスケジュールを決めて、技術開発を行なうことになります。目標は将来の一時点だけではなく、複数のマイルストーンを設定し、中長期的な計画を描いていきます。こうした計画内容を、技術開発の道しるべともなる地図にたとえて、技術ロードマップと呼びます。技術ロードマップは、どのような製品をいつ発売するかという製品計画にも密接に関係するので、企業にとっては極めて重要なものです。

競合相手よりも技術開発が遅くなれば、製品の優位性を失ってしまいます。だからといって、開発目標が難しすぎて実現できなかったり、開発コストが異常に膨《ふく》れてしまったりしては元も子もありません。また、たとえ難しい技術が開発できたとしても、他の要素がついてこなくては、やはりうまくいきません。世の中には、技術が早すぎたために事業としては成功しなかった例がたくさんあります。

技術ロードマップは大変重要です。なぜならばひとつの製品を開発するためには、社内の様々な部門の協力はもちろんのこと、関連する会社にも必要な技術開発をしてもらわなければなりません。製品を小型・軽量化するためには、部品や実装《じっそう》方法の改善が不可欠です。これまでにない機能を盛り込もうとすれば、ハードウエアばかりでなく、ソフトウエア会社の協力も必要です。しかし技術開発には時間がかかります。そこで関連する企業が集まって、共通した技術開発のロードマップを作成し、それぞれの企業がそのロードマップに基づいて技術開発を実行していきます。場合によっては、どこかリードする企業が、ロードマップを策定して示していく場合もあります。

たとえばブラウン管テレビ全盛時代に、いつまでにすべてのテレビを液晶にする、とテレビメーカーが宣言すれば、部品メーカーや材料メーカーも、そのスケジュールに応じて技術開発をしやすくなります。このように技術ロードマップは、自社内だけではなく、業界全体を巻き込むためにも重要な役割を果たすのです。テレビメーカーが示したロードマップに適合するように、各企業は社内で技術ロードマップを作成して技術開発を行なうことになります。

## これまでは定則にしたがって進化してきた

半導体の世界では「ムーアの法則」という経験則が知られています。これは、半導体最大手インテルの創業者の一人であるゴードン・ムーア氏が言い出したものです。半導体産業が勃興した当初、メモリデバイスに搭載されるトランジスタの数は、一年半ごとに倍になっていると指摘したものです。この法則はその後、実に四〇年以上にわたって半導体産業の技術ロードマップの基本となりました。

このロードマップに基づいて、半導体メーカーは製品の企画を行ない、技術開発を実施していきます。半導体を製造するためには、最先端の製造装置が不可欠ですから、製造装置メーカーもロードマップにしたがって、技術開発を行ないます。半導体を設計するソフトウエアも同じロードマップにそって製品開発をしていきます。このほかにも材料メーカーなど多くの企業がロードマップに基づく技術開発を行なうことになるのです。

このように自然界が調和を保っているように、技術開発の世界もロードマップを中心に調和を保っている状態が好ましいわけです。どこかの企業の技術開発が遅れるとその調和が崩れます。そうならないように普通は複数の企業が担当するわけですが、場合によっては少数の企業によって寡占《かせん》化されている場合、その企業の責任は重大です。

ブラウン管テレビでは、画面を大きくするとどうしても図体も重さも大きくなるので、家庭に入るテレビの大きさにはおのずと限界がありました。しかし、薄型テレビの登場によって、家庭でも大画面の映像を楽しめるようになってきました。

固定電話が携帯電話になったり、ブラウン管テレビが薄型テレビになったりすることは大きなイノベーションです。携帯電話は単に電話の大きさが小さくなっただけではありません。サイズだけでいえば、固定電話の子機はすでに小型化を実現していました。携帯電話は、いつでもどこでも電話ができる、あるいは共有だった電話機が自分固有のものになる、などの大きな変化を私たちにもたらしたのでした。

こうしたイノベーションが起こった当初は、まだまだ性能的には不満足なものです。世の中に出てきた当時の携帯電話は、一リットルの牛乳パック七本分もあるような大きさと重さでした。ショルダーホンという名前のとおり、肩から本体を下げ、固定電話の子機よりも大きい送受話器でした。ここから、少しずつ小型化・軽量化への挑戦が始まります。いつまでに、どういう性能の製品を開発するか、目標を掲げて、それに向けて開発陣が一丸となって障害をクリアしていきます。それぞれの開発はバラバラではなく、調和をとらなければなりません。

たとえば大きさと重さのバランスです。当時の目標として『一〇〇cc・一〇〇g』の超小型携帯電話を開発するという目標が設定されました。申し上げるまでもありませんが、ccというのは容積の単位で、gというのは重さの単位です。どちらか一方だけを実現するのではなく、この両方をバランスよく実現しなければなりませんでした。その理由は携帯電話を使う人の心理を考慮したものでした。ccとgの目標数値を同じにするということは、その製品の比重を『水の比重と同じにする』ということです。

これはどういうことでしょうか。私たちの日常生活で、水は切っても切り離せません。純粋な水ばかりではなく、そこから派生した飲み物をカップや紙パックで飲んでいます。そうした習慣を長年にわたって続けているために、見た目とそこから期待されるモノの重さとの間に、標準的な基準がいつのまにかできています。

携帯電話を持ったときに、水の比重（密度）と同じであれば違和感を覚えることはありませんが、そこから大きくずれると持ったときに違和感を覚えるのです。たとえば、水の比重よりも軽いと、携帯電話がまるでおもちゃのように感じられてしまいます。逆に水の比重よりも重いと、今度は重さが気になって携帯にはなじまない、といった具合です。



### 技術ロードマップの危険性

このように重要な役割を果たしてきた技術ロードマップですが、そこには危険性も潜んでいます。液晶テレビの薄型化の競争を例にとって考えてみましょう。数十センチもあったブラウン管の厚さが数センチになった変化は、大変大きな影響を与えることになります。しかし、たとえば、厚さ一〇ミリを九ミリにするということに果たしてどれだけの意味があるでしょうか。しかし、技術ロードマップには、消費者から見て無意味な開発目標が掲げられたりしがちです。

技術者からすれば、厚さ一〇ミリを九ミリにするというのは、限界まで薄くしたうえでのさらに一割の改善ですから、それなりの技術開発課題が出てきます。だから一生懸命に九ミリの薄さを実現しようとします。そうした苦労のうえで実現した九ミリという薄さが消費者にとって価値のあるものであれば、技術開発の苦労も報われます。しかし、消費者にとってもはやその薄さの違いに意味がなければ、それこそメーカーの（技術の）独《ひと》りよがりの開発といえます。

ここに技術ロードマップの危険性が潜《ひそ》んでいます。いつのまにかロードマップの目的と手段が混同されてしまい、何のための技術ロードマップであるかがわからなくなってしまうのです。いわば、技術のためのロードマップに陥《おちい》ってしまっています。ロードマップが一度確定すると、技術開発を止めることは容易ではありません。技術者は与えられた目標を達成するための技術開発に没頭することは得意ですが、目標そのものを見直す検討はどちらかというと不得意です。

このように、消費者にとって、もはや無意味なロードマップとなってしまった場合には、新たなコンセプトを創造する必要があります。では、コンセプトを創造する場合には、どのようなことに注意するとよいのでしょうか。

## 思い切って、薄さ「ゼロ」という目標から始める

では、技術ロードマップの危険性を回避するにはどうしたらよいのでしょうか。あるいは

回避することはできるのでしょうか。ロードマップが意味を持たなくなるときこそ、まさに新たなイノベーションの機会ともいえます。さきほどの薄型化競争の例でいえば、「一〇ミリから九ミリ」は、もはやあまり意味はありませんが、薄さを「ゼロ」にするという発想であれば違ってきます。もちろん物理的に薄さを「ゼロ」にすることはできませんので、実質的に「ゼロ」にすることを考えるのです。

たとえば『すでにあるものにテレビを組み込む』という方法が考えられます。周りを見渡してみれば、テレビを組み込む対象はたくさんあることに気が付きます。壁、冷蔵庫、天井、窓ガラス、ドア、カーテン、机、テーブル、床などです。目に入るものを次から次へと候補にあげていけばよいのです。次に、そうしてリストアップした候補の一つひとつについて、テレビを組み込むとどのようなことができそうか発想を広げてみましょう。現在のテレビの概念を一度とり払い、テレビを構成している技術要素に分解し、それを再構成したら何ができるかを考えてみるのです。

たとえば、壁にテレビを組み込むとどうなるでしょう。壁一面を電子壁紙として、そこに行ってみたい旅先の映像を映し出せば、まるでその環境のなかにいるような気分になれるかもしれません。周囲の壁や天井まで電子壁紙にすれば完璧《かんぺき》でしょう。グーグルが提供するグーグルアースやストリートビューと連携すれば、まるで「どこでもドア」のように距離を超えて移動する疑似体験ができます。現在のテレビでは自分がその映像のなかに入ることはできませんが、壁一面をディスプレイに変えることによって、自分自身がテレビのなかに入ったかのようなことができるようになる可能性があります。

任天堂のゲームをするときも、立体的な感覚のなかでスポーツゲームなどを楽しむことができるようになるでしょう。スピーカーも周囲の壁や天井に組み込まれることによって、サラウンド効果以上の臨場感が得られます。これまで配線や余分なスピーカーが邪魔になってせっかく購入したサラウンドを楽しめなかった人も、すべて壁に組み込まれることによって、そうした悩みが解消されます。

ただ、新築する場合には、壁に組み込むことは比較的容易ですが、すでにある部屋に組み込むことは容易ではありません。また技術進歩が速いですから、一度組み込んだものを簡単に交換できないと陳腐化してしまって役立たずの電子壁紙に終わってしまいかねません。このように考えていくと、今度は技術開発の課題が次から次へとリストアップできます。技術開発の結果、できる状況を想像し、製品やサービスのコンセプトを創造し、それを実現するための計画を描くことが、新たなロードマップの出発点を打ち立てることになるのです。

## 一見ありえないような目標設定が有効

つまり、価値の薄れたロードマップの呪縛《じゅばく》から逃れるためには、一見ありえないようなコンセプトを目標として設定することが有効です。

たとえばエレクトロニクス製品の世界で起こってきたイノベーションには、そうしたコンセプトが多く見られます。そのひとつが、「ポケットに入《はい》る○○」というコンセプトです。これまで、ラジオ、テープレコーダー、電話、テレビ、カメラ、プロジェクター、パソコンなど次々とポケットに入る製品が実現されてきました。

ラジオに真空管を使用していた時代には、とてもラジオがポケットに入るとは想像できなかったことでしょう。しかし真空管を半導体で置き換えることによって、技術の方向性が大きく変わりました。初期の頃の半導体ではとてもポケットに入るラジオはできませんでしたが、技術ロードマップに基づいた開発の結果、いつしか胸ポケットに収まる大きさまで小型化されました。

ポケットに入るラジオは実現できても、テレビは無理だろうと開発者も消費者も考えていましたが、ワンセグ携帯によって、あっさりと実現してしまいました。そもそも電話機がポケットに入ることからして大きなイノベーションでしたが、このイノベーションはさらに次のイノベーションを生むことになったのです。

携帯電話機にカラー液晶のモニターが入り、メールのやりとりができるようになりましたが、これはまさに電話機にパソコン機能を取り込んだことになります。パソコンが携帯電話という実現手段を通してポケットに入るようになった瞬間です。

携帯電話にレンズやＣＣＤという撮像《さつぞう》デバイスを搭載することによって、カメラ機能も取り込むことになりました。今度はカメラがポケットに入った瞬間です。次にテレビが登場することになります。そもそもテレビも電波を受けて視聴する機械である点は、携帯電話と同じです。しかしテレビのように大きくて重いものがポケットに入るなどということは非常識であり、しかも時は薄型テレビで大型化の方向でした。

ところが、先に述べたように、ワンセグ携帯というものが登場し、アナログではなくてデジタルということもあって、移動していても美しい映像を楽しむことができるようになりました。アナログのテレビでは、カーナビに付属しているテレビのように、映像が乱れ、とても正視に堪《た》えません。しかし、ワンセグ携帯のテレビ画像は見事に視聴者の予想を裏切ったのです。もちろん画面は小さく、これまでのテレビの常識からいえば、ありえない製品なのでしょうが、移動中でもリアルタイムで逃したくない映像を見ることができるようになりました。

## 新しいプラットフォームへ相乗りする

このような進化は、携帯電話という誰もが持ち始めたプラットフォームへ、パソコンやテレビなどの機能が相乗りしていると考えられます。この相乗りは、まだまだ続いています。音楽プレーヤーやプロジェクターまでもが携帯電話に相乗りするようになりました。様々な機能が、携帯電話に相乗りしてポケットに入るようになると、今度は、携帯電話という母屋を借りずとも、それ自体ポケットに入るような製品が出てきました。デジカメ、パソコン、プロジェクターなどの製品がそうです。一度、発想が飛躍し、実現されると、本家本元も真剣に取り組み始めます。

さて携帯電話というプラットフォームへの相乗り事例を見てきましたが、逆のパターンもありえます。たとえば、カメラに携帯電話機能を付けるというようにカメラを主体とする考え方です。デジタルカメラで撮影した画像を、携帯電話機能で離れた場所にすぐに送信することができます。静止画だけでなく、ビデオカメラに携帯電話機能が付けば、動画像をリアルタイムで離れたところに送ることができます。たとえば、孫の運動会をまるでその場にいるかのように遠くに住む祖父や祖母が楽しむことが可能になります。

このような使い方は、実はプロの世界では常識でした。すなわち、テレビ中継です。私たちが生中継の映像をテレビで見ることができるのは、カメラマンが撮影している映像がテレビ局に送られ、そこから家庭のテレビへ送られているからです。同様に、デジタルカメラやビデオカメラに携帯電話機能が付くと、一人ひとりがパーソナル生中継をすることができるようになります。カメラマンも一人、視聴者もわずか一人かもしれません。放送というのはブロードキャストというように、ひとつの映像を不特定多数の人が見る仕組みでしたが、不特定多数の放送局が特定の人向けに放送することも可能となってきます。

このように、現在プロが扱っている製品やサービスから新しいコンセプトのヒントを得ることもできます。

## 製品コンセプトと技術ロードマップの理想的な融合——iPodの誕生

ジョン・ルビンスタイン氏がスティーブ・ジョブズ氏と最初に出会ったのは、ヒューレット・パッカード社からベンチャーのアーデント・コンピュータに移ってグラフィックス向けのスーパーコンピュータを開発していた頃でした。当時、ジョブズ氏も創業したアップル・

コンピュータを追われてネクスト・コンピュータを設立し、ルビンスタイン氏のような技術者が必要だったのです。しかしこのときのルビンスタイン氏は、この誘いを断ります。

ルビンスタイン氏はその後ファイアーパワー・システムズという会社を興し、ＩＢＭが開発した半導体を用いたパソコンを開発していましたが、ＩＢＭの事業撤退により、会社をモトローラに売却することにしました。

再びジョブズ氏から要請があったのは、次の事業を何にするか考えようとしていたときでした。ルビンスタイン氏はジョブズ氏の要請を受け入れ、ジョブズ氏がアップルに復帰すると同時に、ルビンスタイン氏もまたシニア・バイス・プレジデントとしてアップルに入社したのです。以後、ｉＭａｃやＧ３といったマッキントッシュの新しいシリーズを次々と開発し、アップルの復活におおいに貢献したのでした。

そのルビンスタイン氏が、毎年の恒例行事となっている主要な部品メーカーとの定期ミーティングのため、日本を訪問していました。そのときも四日間で七社の部品メーカーを訪問するという忙しいスケジュールでした。

その日は、東芝を訪問していました。会議を終えほっとしていると、東芝の幹部が、つい最近完成したばかりだという超小型ハードディスクドライブの試作品を見せてくれたのです。それは直径一・八インチとこれまでの製品よりも半分の面積でありながら、五GBとそれまでにない大きな記憶容量を持つものでした。東芝の技術者が技術の粋を集めて開発した優れものでしたが、何に使えるか東芝としてもまだ具体的な応用を見いだせていなかったのでしょう。しかし、その試作品を見たとたん、ルビンスタイン氏には、すぐにひらめくものがあったのです。

彼はジョブズ氏と交わした会話を思い出していました。東芝を訪問する四カ月ほど前のことです。彼は相変わらず新しいコンピュータの開発で忙しい日々を送っていました。そこへ、ジョブズ氏が携帯用の音楽プレーヤーの開発の検討を命じてきたのです。ルビンスタイン氏にとっては目前の仕事で手一杯でとても別の製品開発など無理な状態でした。しかし、ジョブズ氏の命令は絶対です。すぐに、検討してみますと返事をしていました。

ルビンスタイン氏は、本来の仕事をしながらアップルらしい携帯音楽プレーヤーの製品コンセプトを考えつづけました。当時すでにアップルはアイ・チューンズ・ミュージック・ストアと呼ぶ音楽のダウンロードサービスを開始していました。マッキントッシュのユーザーは、気にいった曲を有料でダウンロードし、CDに焼いて音楽を聴いて楽しむことができるようになりましたが、CDでは持ち運びにやや不便です。当時、フラッシュ・メモリやハードディスクドライブを内蔵した携帯音楽プレーヤーも他社から販売されていましたが、とても魅力的な製品とはいえませんでした。フラッシュメモリ内蔵型の音楽プレーヤーは小型ですが、わずか六曲しか保存できませんでした。もっと多くの曲を保存できるハードディスクドライブ内蔵型は、大きすぎて不格好でした。アップルらしい携帯音楽プレーヤーを開発したいとジョブズ氏がルビンスタイン氏に命じたのには、こうした背景があったのです。

ルビンスタイン氏はコンピュータの技術者であって、携帯音楽プレーヤーの開発は行なったことがありません。そもそも当時のアップルは、アップル・コンピュータという社名が表わすとおりコンピュータの会社であって、家電メーカーではなかったのです。

しかし、むしろ家電の開発をしていなかったことが新しい発想を生みました。既成概念にとらわれない製品コンセプトを描くことができたのです。あとは、それを実現するには、これまでの半分以下の面積でしかも記憶容量の大きな超小型のハードディスクドライブが必要でした。消費電力も半分以下にしなければなりません。ハードディスクドライブの用途はパソコンでしたが、パソコンではそこまでの性能は必要とされていないこともあり、そのようなものはまだどこにもありません。逆にだからこそ、多くの家電メーカーもそうした製品を企画することはなかったといえます。仕方なくルビンスタイン氏は、そのアイデアを棚上げしてしまいました。

ところが、そのアイデアを実現する鍵となる部品が突然目の前に現われたのです。東芝の幹部が見せてくれた超小型のハードディスクドライブを見ながら、ルビンスタイン氏は、すぐに頭のなかでシミュレーションを始めました。それはこんな感じだったでしょう。

「この記憶容量ならば一千曲保存することができるだろう。バッテリーも一〇時間は持ちそうだ。携帯音楽プレーヤーの大きさも、十分小型になりそうだ」

棚上げしていた製品コンセプトを実現する最後のピースがまさに目前に出現したのです。ルビンスタイン氏は、嬉しさでいっぱいでした。しかし、そんな心の中は、一切顔に出さず、東芝の幹部には、アップルがこの小型ハードディスクドライブをすべて買い取るから、他社には話さないようにお願いをしたのです。

ルビンスタイン氏はコンピュータの技術者ですから、東芝としては超小型ハードディスクドライブをコンピュータに使うことと思ったことでしょう。そもそもルビンスタイン氏がコンピュータの技術者だったからこそ、超小型ハードディスクドライブの試作品を見せたのです。家電製品の技術者であったならば、見せなかったかもしれません。

二〇〇一年二月。ｉＰｏｄのコンセプトが実現に向けて大きな前進をした瞬間でした。

このエピソードからは、成功に至るいろいろな要因が考えられます。ジョブズ氏がコンピュータの技術者であるルビンスタイン氏に畑違いの製品開発を依頼したこと。この畑違いということが、東芝の超小型ハードディスクドライブとルビンスタイン氏を引き合わせることとなりました。

またタイミングも絶妙でした。ルビンスタイン氏が東芝を定期ミーティングで訪問するのがもう少し早かったら、まだ試作品は完成されていなかったことでしょう。逆に、訪問時期がもう少し遅かったら、試作品はアップルの競合他社にも紹介され、他社が先駆《さきが》けてしまったかもしれません。

しかし、そもそもルビンスタイン氏が製品コンセプトを描いていなかったら、目の前に超小型ハードディスクドライブが出現しても、その幸運を物にすることができなかったことでしょう。また、東芝が、応用も不確定ななかで、技術ロードマップにのっとり、超小型ハードディスクドライブを開発していなかったら、ｉＰｏｄが世に出るのはもう少し遅れたことでしょう。

ｉＰｏｄのイノベーションは、製品コンセプトと技術ロードマップがうまく出会えたことによって起こったといえます。

# 第5則　優《すぐ》れた技術は**感動**を生み出す

——使って驚く人の顔が浮かんでいますか？

## ほんの一瞬を判定するプロスポーツの世界

野球など競技スポーツの世界で、きわどい判定をめぐって選手と審判が言い争う場面を見るたびに、最新の技術を使って公平な判定はできないものかと思う人も多いのではないでしょうか。たとえばオリンピック競技の変遷をみてみると、陸上競技や競泳などにおいては、かつて人がストップウォッチで判定していたところを、現在では自動で測定することが当たり前になってきています。一方、野球のような球技では、競技場の広さや判定の複雑さもあって、なかなか機械による自動判定というのは難しいのが現状でした。なかには、そうしたきわどい判定も競技スポーツの醍醐味《だいごみ》だという人もいるかもしれませんが、一方で選手も審判も後味《あとあじ》の悪い思いをすることをなんとか避けられないものかと思います。

技術を競技スポーツの判定に採《と》り入れた例としては、大相撲におけるビデオでの再生などがあります。ビデオで見ても微妙なケースもありますが、それでも行司から見えにくかったところまで、はっきり再生してくれることもあります。大相撲のように比較的狭い場所に限定される場合は機械による判定も現実味がありますが、すべての競技スポーツが必ずしもそうとは限りません。

プロテニスもそうした判定が難しいスポーツの一つです。かつてマッケンローというプロテニスプレーヤーがいましたが、審判の判定に感情をむき出しにして抗議することで有名でした。これも心理作戦のひとつともいえますが、できることなら、誰もが納得する公平な判定が望まれます。しかし、ボールがラインぎりぎりをかすめるような場合、その判定は微妙です。特にプロテニスプレーヤーの打ち出すサーブともなると、時速二〇〇キロを超えるスピードが出ます。時速二〇〇キロというのは、わずか一秒の間にボールが五五メートルも進むということです。テニスコートの縦の長さはおよそ二四メートルですから、サーブをしてから、相手コートにボールがバウンドするまで〇・五秒もかからないということになります。ましてボールがバウンドするのはほんの一瞬です。この一瞬の間にインかアウトかを判定することがいかに難しいかおわかりになると思います。しかし、サーブの判定は試合の行方を左右しますから、選手としてはできるかぎり公平な判定を望むのは当然です。

では微妙な判定の際には大相撲のようにビデオで再生すればよいかというと、大相撲と違って、テニスコートの広さやボールの高速性ゆえに、ビデオ再生がテニスで使用されることはこれまでありませんでした。

ところが、最近のプロテニスの試合をご覧になった方は気づかれたと思いますが、サーブが打ち終わると同時に、ボールの軌跡がアニメーションで表示されるようになってきました。いかにもアニメといった映像ですので、本当のボールの軌跡を正確に表現しているのだとはにわかには信じがたいのですが、実はその裏には高度な技術が隠されています。

その名も『ホークアイ（鷹《たか》の目）』と呼ぶビデオ判定システムを開発したのは、イギリスのベンチャー企業ホークアイ・イノベーションズという従業員四〇人ほどのベンチャー企業です。一九九九年に本格的に研究を開始し、二〇〇六年の全米プロテニス・トーナメントで、初めて採用されました。二〇〇八年には北京オリンピックでも採用され、着実に実績を積み重ねてきています。日本では、同じ年の九月に東レ・パンパシフィック・オープン・テニストーナメントで初めてお目見えしました。

**隠れたところにすごい技術が**

ではこのシステムを可能にした技術とはどのようなものでしょうか。

最初に必要なのは時速二〇〇キロ以上という高速性に追随できるだけの分解機能を持つカメラでした。『ホークアイ』に使われているカメラは、毎秒四千コマの撮影が可能です。時速二〇〇キロというのはおよそ秒速五五メートルです。五五メートルを四千で割ると約一・四センチとなります。つまり時速二〇〇キロのボールを一コマ一・四センチの解像度で撮影できることがわかります。

次に必要なのは複眼視です。いくら超高速で撮影できるカメラがあっても、カメラの角度によっては、ラインに触れているかどうか判定ができません。そこで『ホークアイ』では、高速度カメラをスタジアムの最上段に一〇台設置し、ボールを三六〇度あらゆる角度から撮影するのです。

そして三番目の技術が画像処理技術です。一〇台のカメラがそれぞれの位置から撮影したボールの軌跡のデータをもとに、現実の立体的な空間におけるボールの位置を瞬時に計算します。そして、もともと入力してあるテニスコートの座標データと比較することによって、ボールのインとアウトを正確に判定するという仕組みです。この画像処理にノウハウが隠されています。たとえば、光の加減などで、ボールの全体像がきれいに撮影できない場合があります。そのような場合には、ボールの全体像を推定して計算することも行なっています。

ここまでの技術だけでも相当なものですが、実は最後の一押しこそが『ホークアイ』を実用化するうえでキモとなった技術です。それがコンピュータ・グラフィックスです。私たちが目にするアニメーションの映像はコンピュータ・グラフィックスで作られたものです。カメラで撮影した映像をそのまま見せられても、やはり見えにくいことに変わりはありません。それを誰が見ても明らかな映像とするために、コンピュータ・グラフィックスを採用しているのです。

このように『ホークアイ』の成功は、次の三つの技術が核になっていることがわかります。

（1）超高速度撮影カメラ（画像の入力技術）

（2）一〇台のカメラ映像からボールの立体位置を推定（画像の処理技術）

（3）誰にでもわかりやすい形で表示（画像の表示技術）

画像を扱う技術と一口でいっても、この三つの技術分野は異なっているため、担当する技術者も異なります。『ホークアイ』は、この三つの技術を統合し、見事に実際のスポーツに適用したところに特徴があります。

さらにホークアイ・イノベーションズ社の鋭いところは、『ホークアイ』の価格付けです。読者の皆さんが顧客だとしたら、果たしてこのシステムをいくらで購入するでしょうか？

実はホークアイ・イノベーションズ社は、このシステムを機器としては販売していません。テニス・トーナメントが開催される期間中だけ『ホークアイ』を設置し、運用するサービスを提供しているのです。テニス・トーナメントの運営会社としても、使用するのはトーナメントが開催されているわずかな期間だけです。またシステムを購入しても、それを運用できる人材を教育し雇わなければなりませんが、わずか数日のためにずっと雇いつづけるわけにもいきません。そこで、ホークアイ・イノベーションズ社は、機器を販売するのではなく、会場にスタッフを派遣して機器を設置し、運営を請け負《う》うのです。ちなみに、東レ・パンパシフィック・オープン・テニストーナメントの場合、九日間の運営費用は、三万一千ポンド（運営時の為替レートで六二〇万円）であったといわれています。

『ホークアイ』の導入によってテニスのルールも変わってきました。チャレンジシステムというのが、それです。審判の判定に選手が疑問を持ったときに、選手は『ホークアイ』によるビデオ判定を要求できます。一セットにつき三回までチャレンジすることができ、審判の判定が正しかった場合にはチャレンジできる回数が減りますが、逆に審判の判定が間違っていた場合には、チャレンジできる回数は減りません。こうして判定に関する後味の悪さを払《ふっ》拭《しょく》することができたのです。

『ホークアイ』は、テニス以外にもクリケットやスヌーカー、コーチングという日本ではあまりなじみのないスポーツにも使われています。サッカーにも適用するための開発もなされており、今後その応用分野はさらに広がることでしょう。

さて、『ホークアイ』に使われている技術は、どこか他の分野で使われている技術に似ていないでしょうか？　そうです、ミサイルの追跡技術に似ていますね。ミサイルの場合、はるか遠くで認識する必要がありますから、『ホークアイ』で使われているようなビデオカメラではなく、レーダーのような無線技術によるのでしょうが、基本的な画像処理の技術は共通するところが多そうです。

東西の冷戦が終結して米国の軍事予算が半減されたときに、軍事技術の開発に関与していた技術者たちが民間に出てくるようになりました。現在の携帯電話の基本技術なども元をただせば軍事技術に由来しているものもあります。クアルコム社はその代表的な成功企業です。

インターネットの開発も軍事技術が基本になっています。このように見てくると、私たちの身の回りには軍事技術から派生した製品が意外と多いことに気づきます。テニスの試合で映されるアニメーションの背景にこのような高度な技術が隠されていることを知る人は少ないことでしょう。しかし、この技術が可能にしたことは、テニスに関わる人であれば感動するはずです。大々的に宣伝をしなくても、その価値がわかる人に感動を与える技術を目指したいものです。

## 一般消費者は部品メーカーを知らない

京都に本社をおく村田製作所は、携帯電話やノートパソコンなどエレクトロニクス製品の小型化・軽量化を実現するためになくてはならない部品を製造・販売している企業です。たとえば、携帯電話機に内蔵されているチップ誘電体《ゆうでんたい》アンテナがそうです。かつては、携帯電話機のアンテナは電話機の外に出ていました。受信状況が悪い場所では、アンテナを伸ばして使った経験のある人もいることでしょう。ところがいつの間にか、携帯電話からアンテナが消えてしまいました。実はアンテナが消えたのではなく、チップ誘電体アンテナとして携帯電話のなかに内蔵されるようになったのです。

日常、私たちが目にする携帯電話やパソコンのなかには、このような高度の技術がいっぱい詰まっています。しかも絶えず進化しつづけているのです。しかし消費者は部品の技術やそれを提供している企業のことなど知る由《よし》もありません。もちろんマイクロソフトやインテルといった例外的に認知度の高い企業もあります。マイクロソフトの場合、ウィンドウズのパソコンを起動すると必ず最初にマイクロソフトのロゴを見ることになりますから、否が応でも企業名と商品名が記憶に残ります。インテルも有名な『インテル入ってる』キャンペーンを大々的に展開したり、ゴードン・ムーアやアンディ・グローブといったＣＥＯがよく知られていることもあって、部品メーカーのなかでは突出して認知度の高い企業です。

とはいえ、これらは例外的で、一般の消費者にとってほとんどの部品メーカーあるいは素材メーカーの認知度はありません。たとえば、携帯電話やパソコンに使われている部品がどの企業のものか言い当てることは、よほどの専門家でない限り無理でしょう。

部品メーカーや素材メーカーの顧客は一般消費者ではなくて企業になります。素材メーカーであれば部品メーカー、部品メーカーであれば機器メーカーといった具合です。ですから、直接の顧客である企業に認知されればよいのであって、消費者にまで知られる必要はない、という考え方もあります。

## 部品メーカーにも知名度は必要

しかしこの場合二つの問題があります。

一つは消費者からの支持がないために、ビジネスを失いかねないという問題です。たとえば部品メーカーが機器メーカーに部品を納入していたとしましょう。この部品メーカーが消費者から認知されていないと、機器メーカーは他の部品メーカーの製品に替えてしまうかもしれません。

これに対して、インテルのようにブランドが消費者に認知され、消費者に支持されていると、パソコンメーカーもインテルの製品を使いつづけることになります。インテルばかりでなく、私たちの周りにはそうした事例が多いことに気づきます。

たとえば、カール・ツァイスという会社のレンズを使っていることが消費者の心をつかめば、カメラメーカーはカール・ツァイスのレンズを使いつづけることでしょう。あるいは、ガムを製造しているメーカーがどこであるかよりも、キシリトールが入っているかどうかのほうを消費者が重要視するとすれば、ガムのメーカーはキシリトールを使いつづけることになります。しかし、このように消費者に認知されていないと、代替品に置き換えられてしまいかねません。

つまり、カール・ツァイスのレンズやキシリトールを製造している部品メーカー・素材メーカーは、機器メーカーや食品メーカーの担当者に知らせるだけでは足りないということになります。それを実際に使う人に、その名を知ってもらわなくてはいけません。コスト安で高品質というだけでは十分ではないのです。部品メーカー・素材メーカーにも、宣伝とマーケティングがいるのです。

ブランドが認知されていないことによって起こる二番目の問題は、人の採用にかかわることです。知る人ぞ知る企業であっても、一般消費者に知名度がないと人の採用、特に新卒の採用でどうしても不利になります。キシリトールは知っていても、それを製造するメーカーまで知っている人は少ないことでしょう。実は世界で消費されているキシリトールの九割は、ダニスコ社というフィンランドの企業が製造しているのです。キシリトールは知っていても、ダニスコ社を知っている人はまずいません。消費者に認知されていないと、新卒を採用しようとするときに、人が集まりません。

冒頭に掲げた村田製作所は、部品技術の素晴らしさを伝えるために、ムラタセイサク君という自転車に乗るロボットを開発しました。二足歩行ロボットが話題になるなかで、自転車に乗るロボットという発想は、村田製作所の技術力を伝えるにはもってこいのものでした。子供の発育を見ればわかるように、歩行ができて、それから自転車乗りです。ロボット技術として二足歩行と自転車乗りのいずれが難しいかは議論のあるところで、あるいは二足歩行ロボットのほうが技術としては難しいかもしれません。しかし、人の成長という時間軸からイメージすれば、二足歩行よりも先にある自転車に乗るロボットのほうが、高い技術力を感じさせませんか。村田製作所はロボットを商品として売ることはないにしても、そのような高度なロボットを実現する技術力を持ち、部品を作っているのだなということは一般消費者にも十分伝わります。

さらに村田製作所の発想は展開していきます。今度は、一輪車に乗るロボット、ムラタセイコちゃんの登場です。人は、歩くようになり、自転車に乗れるようになり、やがて一輪車にも乗る、という発育段階に沿った展開です。またそのネーミングが絶妙ではありませんか。ヒット商品も一度限りでは忘れられてしまいます。人々の記憶に残るためには、ヒット三連発が必要といわれます。ムラタセイサク君の次にムラタセイコちゃんを出してきたのは、まさにこうした戦略の一貫でしょう。アップルのｉＰｏｄも、最初の製品を出したあと、ｉＰｏｄミニ、ｉＰｏｄシャッフル、ｉＰｏｄナノと次々に製品を出してきました。こうすることによって、人々の心に記憶として刻み込まれ、ブームが定着していくのです。

村田製作所が、ムラタセイコちゃんの次に何を出して感動を与えてくれるか、こうした楽しみを期待させるようになると、企業の認知度は大きく上がったといえるのではないでしょうか。

## 良いデザインとは見た目だけではない

製品のデザインは、見た目が良く、他社製品との区別が一目でつくために大切ですが、本当に良いデザインは機能的であって長い間使っても飽きがこないものです。奇をてらったデザインは一時的なブームを作ることはできても、やがてブームが去るといつの間にか消えていってしまいます。本当に機能的なデザインでないと、長続きさせることは難しいようです。しかも、そうしたデザインは、気が付かないようなわずかな改良を少しずつ積み重ねていっています。

機能的なデザインを持つロングセラー製品は、空気のような存在で目立たないのですが、長い時間にも耐えて生き残った逸品といえます。たとえば、キッコーマンの卓上醬油瓶《たくじょうしょうゆびん》は、一九五八年に商品化されて以来、半世紀にもわたって使われつづけています。今では当たり前すぎて想像もつきませんが、卓上醬油瓶が開発される前には、ガラスの大瓶に入った醬油を醬油差しに詰め替えて使っていました。しかし容易に想像がつくように、この作業は結構煩わしいものです。大瓶から醬油差しに移すときにこぼれることもあるでしょうし、大瓶を保存しておくにも場所をとります。

そこでキッコーマンが開発したのが、一五〇ミリリットルの卓上醬油瓶でした。買ってきた醤油瓶をそのまま卓上で使うことができるので、大瓶から移す手間が不要になりました。予備の醤油瓶を買っておいたとしても、大瓶と違って保存する場所をそれほど必要としません。

しかしキッコーマンの卓上醤油瓶のデザインチームは改良を続けます。特に醤油を注いだあとの切れが悪かったのです。当時の開発陣は一〇〇個以上もの試作品を試したものの、なかなかこの問題を解決できませんでした。そんなある日、注ぎ口の上側を長く、下側を短くしたところ、見事に醤油の切れがよくなり、醤油を注いだあとも液が垂れない醤油瓶ができたのです。それまでの注ぎ口は、やかんの注ぎ口のように、下側が長く上側が短い構造をしていたのでした。

この卓上醤油瓶は、いかにもデザイン性の高い外観でありながら、使ってみてその機能性に驚かされます。驚いた瞬間、使った人は、この商品の隠された技術に感動するのです。

こうして醤油が垂れないという機能的なデザインを実現した卓上醤油瓶には、さらにキャップの色を赤として食卓を明るくし、くびれた個所を作って持ちやすく、といった心遣いがなされています。一説によると、女性が持って注ぐときに自然と小指が上がって上品で美しいという効果もあるようです。確かに大瓶から醤油差しに移し替える姿は、どうみても優雅にはみえません。

ラー油の卓上瓶などのように液が垂れる製品が身の回りにたくさんあることを考えると、キッコーマンの卓上醤油瓶に学んで、機能的なデザインをもっと真剣に考える余地がまだまだありそうです。

### 客室乗務員の心をとらえたコーヒーポット

機能的なデザインがいかに重要かということをスウェーデンに本社を置くエルゴノミデザイン社の事例が教えてくれます。この会社は、一九六九年にＩＢＭ、ＡＧＡ、ＡＳＥＡなどの大企業で働いていたデザイナーたちが集まって設立されました。当初のクライアントは、かつて自分たちが働いていた企業です。今風にいえば、アウトソーシングの走りともいえるでしょう。

設立当時の会社名は、デザイングルッペンでしたが、一九七一年に、エルゴノミクス（人間工学）とデザインとを組み合わせた現在の社名に変更されました。名前が示す通り、あくまでも利用者の視点に立った製品デザインを提供しようという理念を持って設立されました。五六名（二〇〇九年五月現在）の社員の顔写真、電子メール、電話番号がホームページ上で公開されています。

エルゴノミデザイン社の代表的なデザインに、飛行機の機内で客室乗務員が使用するコーヒーポットがあります。コーヒーポットにフルでコーヒーをいれると二・五キロもの重さになります。しかも通常のコーヒーポットは重心が取っ手の部分から離れているために、乗務員たちにとって手や肩を痛めるといった問題があったのです。ひどい場合には手術をしなければならないこともあったそうです。

一九八四年から八七年にかけて、エルゴノミデザイン社は、スカンジナビア航空から、客室乗務員の負担を減らすコーヒーポットのデザインを依頼されます。エルゴノミデザイン社のデザイナーたちは、機内に乗り込み、長期間にわたって客室乗務員たちの仕事を観察しつづけた結果、取っ手を本体の近くに移し、重心を近づけ、コーヒーを注ぐときに手を水平にしたまま注げるようなコーヒーポットのデザインを考案したのでした。

次に、デザインだけではなく、実際に製造する企業を見つけなければなりません。機内の環境は厳しく、温度範囲もマイナス三度から一二〇度までの使用に耐える必要があります。扱いも乱暴になりますから、頑丈なことはいうまでもありません。そうした様々な要素を満たすメーカーをようやく探し出しました。

そのメーカーとの開発段階では、コーヒーポットの注ぎ口を本体とつなぎ目のない一体化したものにするか、それとも本体から注ぎ口を分離できる方式にするかで客室乗務員たちとメーカーとの意見が分かれました。メーカー側は、コーヒーの注ぎ口を本体と一体化することを主張します。一体化させたほうが製造コストを削減できるからです。一方、客室乗務員たちは、業務遂行上、分離可能にしておいたほうが効率的であると主張します。ここでもエルゴノミデザイン社のデザイナーたちは、機内の仕事ぶりを観察していたことから、客室乗務員たちの主張を支持したのでした。エルゴノミデザイン社のデザイナーたちは、メーカーの開発者にはできない発想で考えることができたのです。

こうして開発されたコーヒーポットは、スカンジナビア航空以外にも三〇ほどの航空会社に導入されています。

エルゴノミデザイン社は、メーカーではありません。デザインという専門性をもって、メーカーと製品利用者の間に立つ人たちです。メーカーにも当然製品デザイン部門はありますが、メーカーの論理が使う人の都合よりも優先されてしまいがちです。本当に顧客の立場に立ったデザインを主張することは難しい場合もあります。

しかし、長く愛される製品を開発しようとしたら、実際に使う人の立場に立って機能的なデザインを考えることこそ、大切なことです。短期的な視点ではなく長期的な視点でデザインを考えることによって、結局、メーカーにも利益をもたらすことになるからです。エルゴノミデザイン社がデザインしたコーヒーポットは、客室乗務員たちを感動させました。長い間使っていると感動が薄れがちですが、他の製品を使ったときにすぐに気づきます。したがって、簡単に他社が参入することは難しいのです。

## F1で活躍する日本の技術

二〇〇八年一二月、経済危機の影響もあって、ついにホンダがF1からの撤退を発表しました。高騰《こうとう》する参戦費用に対して、スポンサー料やテレビ放映権料の分配金収入が少なく、持ち出しが多いため、やむなく撤退の判断がなされたようです。F1は、技術力を磨き、それをアピールするのに絶好の場といえますが、ホンダのチームの成績が低迷したことも、マイナス材料だったかもしれません。

F1というと、ホンダやトヨタといった自動車メーカーが話題にのぼりますが、ここで活躍する企業は自動車メーカーばかりではありません。富山県高岡《たかおか》市にあるワシマイヤー社は、トヨタ、ホンダ、フェラーリなどのF1チームをはじめ、ポルシェ、ベントレー、アストンマーチンなどに超軽量マグネシウム鍛造《たんぞう》ホイールを供給している世界的な企業です。マグネシウム鍛造ホイールは、専門家の間でも実現は不可能と思われていた製品ですが、ワシマイヤー社は、一九九二年にフェラーリのF1チームに供給して以来、二万本以上を超える超軽量マグネシウム鍛造ホイールを出荷しています。これまでホイールに起因するトラブルは皆無であることを見ても、品質の高さがわかります。現在、F1チームの半数以上がワシマイヤー社のホイールを使用していると言われています。

通常のホイールは、鍛造ではなく、鋳造《ちゅうぞう》で製造されます。鍛造と鋳造の違いは、たとえていえば、餅とパンの違いのようなものです。鍛造の原材料はいわば『パンのように』組織構造の粗い鋳造品を使いますが、これに高圧でプレスして、『餅のように』ねばりのある緻《ち》密《みっ》な組織構造に変えていきます。鍛造品は強度に優れ、しかも軽量という特徴があります。日本刀や航空機の部材などが鍛造品の例です。

このような高い技術力を持つワシマイヤー社ですが、実は本当に興味深い点は、その社史なのです。かつて繊維業界に身をおいていたワシマイヤー社は、国内の繊維産業の転換期に、鍛造技術という技術力を磨いて、自動車業界へと見事な戦略転換を図った歴史を持っているのです。

## 繊維業界から自動車業界へ

ワシマイヤー社は、アルミ製の糸巻きボビン製造を事業の柱として一九七一年に資本金一億円で設立されました。北陸地方は、その頃まだ繊維産業が盛んだったのです。このアルミ製の糸巻きボビンは当初は鋳物《いもの》で製造されていましたが、七五年頃から鍛造技術を使ったアルミ製の糸巻きボビンがドイツより輸入されるようになると、ワシマイヤー社の経営は危機に陥りました。鋳物で製造したアルミ糸巻きボビンは、鍛造技術で製造したアルミ糸巻きボビンに対し、強度や重量の点で太刀《たち》打ちできなかったのです。

その背景には北陸地方の繊維産業の特殊性があります。繊維には、ナイロンやポリエステルなどの長繊維と綿糸や羊毛のような短繊維がありますが、北陸地方の繊維産業では、長繊維が主体でした。このため、糸の張力が強く、繊維を糸巻きボビンに巻くと、鋳造製のボビンでは繊維の張力で割れてしまう恐れがあったのです。

そこでワシマイヤー社は鍛造技術でアルミ製の糸巻きボビンを製造するために、大型のプレス機を導入しました。当時のワシマイヤー社の年間売上げよりも高い設備投資が必要となりましたが、果敢に設備投資を実施し、技術開発を行なっていったのです。

こうして、鍛造技術を使ってアルミ製の糸巻きボビンを製造できるようになると、品質が認められ、繊維産業に再び事業を延《の》ばしていくことができました。しかも、従来の鋳造技術では不可能であった、直径一メートルもの大型のアルミ製糸巻きボビンを製造できるようになっていったのです。

ところが皮肉なことに、鍛造技術で作ったワシマイヤー社のアルミ製糸巻きボビンの品質が良くなれば良くなるほど壊れないので、製品が市場に行きわたると売上が減少していきました。そこに繊維産業の不況が追い打ちをかけます。

しかしそうした苦しい状況においても、鍛造技術に磨きをかけ続けた結果、一九八五年にアメリカのＳＥＭＡショーと呼ばれる世界最大の自動車部品関係の展示会で、二万点のなかから、ワシマイヤー社のアルミホイールが技術革新大賞を受賞したのでした。やがて、自動車ホイールの世界的企業であるドイツのＢＢＳ社から声がかかり、繊維業界から自動車業界へと事業分野を転換することに成功したのです。

そして一九九〇年、フェラーリから、ワシマイヤー社の鍛造技術を使って、マグネシウムのホイールを製造してくれないかとの依頼が舞い込みました。当時、鍛造マグネシウムホイールを製造する会社はほとんどありませんでした。

## 一度感動した顧客は戻ってくる

フェラーリからの依頼がワシマイヤー社のF1進出へのきっかけとなりましたが、はじめは一般に販売される車両向けの依頼でした。

そのときの様子をBBS社の日本法人は次のように記しています。

――アルミニウムとマグネシウムは当然、性質が違うため、製造工程もまったく同じという訳にはいきません。しかしワシマイヤー社はそれまで積み上げてきた製造技術をベースとして、さらに工夫を加えることで試作品が完成したのです。翌一九九一年一月一六日、イタリア・マラネロにあるフェラーリ本社でその鍛造マグネシウムホイールは公開されました。当時、鍛造マグネシウムホイールを開発していたメーカーはほとんど無く、フェラーリ社の技術陣が世界で初めてBBS鍛造マグネシウムホイールを手にした時、まず何よりもその「軽さ」に驚きの声をあげ、鍛造マグネシウムホイールの開発技術の高さとオリジナリティに驚きました。しかしフェラーリの経営陣はワシマイヤー社に対して、鋳造アルミニウムホイールと変わらない水準の価格を提示し供給を依頼してきました。マグネシウム鍛造という製法がいかにコストが高いかをフェラーリ社は理解できなかったようです。「コストを度外視してまで納入することは出来ない」とワシマイヤー社はあっさりとフェラーリ社の申し出を断りました。――

なんと、ワシマイヤー社は、値下げを持ち出してきたフェラーリの要求を断ったのです。よほど自社の技術に自信を持っていたのでしょう。

値下げ要求を断られたフェラーリは、今度は、F1用の『鍛造』マグネシウムホイールを製作してくれるようにと、BBS社を通じて依頼をしてきました。F1用として装着していた他社の『鋳造』マグネシウムホイールよりも一〇％軽量化することを要求してきたのです。これに対してワシマイヤー社はその要求を上回る二〇％もの軽量化を実現してフェラーリを感動させたのでした。しかも鍛造技術を使っていますから、鋳造品に比べて格段の強度を持っています。それも依頼されてからわずか四カ月後の一〇月には完成させたのでした。

フェラーリの驚きはただごとではありませんでした。その感動は、『三年間の独占契約』という結果になって表われました。F1の慣例である『一年契約』を破った異例のことでした。しかも『独占』とのお墨付きまでいただいたのです。

ワシマイヤー社の事例は、技術に磨きをかけることの大切さ、そしてその技術の価値を正当に評価してくれる顧客を見出すことの大切さを教えてくれます。苦しい経営状況のなかでも必要な設備投資を行ない、技術力を磨き、安易に値下げをしない、そうしたぶれない姿勢がみてとれます。逆に、値下げをしなくても売れるという自信を持てる技術を磨き上げなければ、ぶれない経営を維持することはできません。技術と経営は両輪なのです。

本章で紹介した事例は、普段見過ごしてしまいがちなところにも、磨きに磨いた技術が隠れていることを教えてくれます。そうした技術やデザインは、決して技術者やデザイナーの自己満足に終わらず、利用する人に対して静かな感動を与えつづけてくれるものばかりです。外観や品質はいつか真似《まね》られても、感動の経験だけは真似ることができません。

# 第6則　最初から二兎《にと》を追う

――「安かろう、悪かろう」と決めつけていませんか?

## 不況時に必要な期待値コントロール

一般的に、相反《あいはん》する二つのことを同時に達成しようとすることは不可能ではないにしても難しいことだと考えられています。確かに、製品やサービスの品質を上げようと思えば、人数を増やしたり、設備を良くしたりと、どうしてもコストが高くなることは避けられません。良い製品やサービスの価格は高くて当たり前という『常識』は、製品やサービスを提供する側も受ける側も、当然持ちあわせています。

東京に次々と進出した外資系ホテルが非常に高い料金を設定していても、その価格に見合ったサービスと設備を提供していると思うからこそ、そうしたホテルを利用する人もいるわけです。あるいは高いホテルに滞在するというステータスに満足感を覚えたいために利用する人もいると思います。そういう利用客にとっては、価格はむしろ高くなくてはいけないのです。また、高価格に設定することで、そのホテルを利用する顧客を絞りこむことができます。ホテルに集う人の質を向上させ、それがサービスの質を向上させるという良い循環にもつながっていくわけです。

同様に、低価格の製品やサービスに対しては、それなりの性能や品質であって、あまり期待できなくて当然だという『常識』が織り込み済みです。したがって、多少製品の機能やサービスの質が悪くても、低価格なのだから仕方がないと顧客も諦めています。

通常は、このように価格とサービスの質が比例関係にあります。低価格であれば機能やサービスにはそれほど期待できず、高価格であればそれに見合った良い製品やサービスが受けられると思うのが普通です。

ところが、低価格にもかかわらず、思わぬ良いサービスや製品を提供されるとなると、顧客は感動します。たとえば、一〇〇円ショップで購入した商品には、最初から高い期待を抱かないせいか、たとえ普通の品質だとしても、一〇〇円にしては良いと思ってくれるかもしれません。すると、一〇〇円ショップは、単に低価格というだけで顧客を集めているのではないことがわかります。低価格にしては品質が良い商品もあるという期待を抱かせることによって、リピート顧客を確保している場合もあるのです。これは低価格商品に対する顧客の期待値が低いために逆に顧客満足度が高まるケースです。

このように、サービスや製品を購入する前と購入した後の期待値コントロールをどうするかが顧客満足度を向上させるうえでは、大切なことがわかります。価格が高くて良いサービスあるいは高い性能の製品を提供することは当たり前で、むしろ価格が低いのに、期待値以上のサービスや商品性能を提供すると顧客満足度は高まるに違いありません。

ところが企業は往々にして、この期待値コントロールという視点を忘れがちです。企業が製品やサービスを提供する場合に、品質（性能も含めて）とコストはトレードオフの関係にあります。つまり、品質を上げようとすれば、コストが上がり、コストを下げようとすればどうしても品質は下げる必要があります。そこでどうしても高品質・高価格の組み合わせをとるか低価格・低品質の組み合わせを選択するかといった二者択一的な発想になりがちです。

しかし、いったん顧客の期待値を超える製品やサービスを作るという発想に立つと、「低価格でも高品質」（その価格で提供される製品やサービスに顧客が期待する期待値よりも高い品質という意味ですが）を目指すという第三の道があることに気づかされるでしょう。低価格ながら顧客の期待を（少しでも）良い意味で裏切る品質を提供できるようにすると、物やサービスが売れていきます。

特に不況の時代には、この期待値コントロールの考え方が顕著になってきます。大多数の関心事は、「高いか、安いか」でも、「優れているか、いないか」でもなく、「コストパフォーマンスが高いか、低いか」に向けられています。

## 二兎《にと》を追う経営で成功

ユニクロは『ヒートテック』という吸湿と保温効果に優れた素材を開発し、二〇〇三年から『ヒートテック』を使ったインナーやTシャツを発売してきました。毎年改良が重ねられ、四年後にはついに二千万枚を売り上げるという記録を作りました。そして二〇〇八年一一月、ニューヨークを皮切りにロンドン、北京、パリ、ソウルと海外へも『ヒートテック』を展開しています。海外では特に『ジャパンブランド』として、品質の高さを強調した売り方をしています。

国内でユニクロの『ヒートテック』を用いた衣料品が大流行したのも、低価格なのに着心地がよく保温性に優れた高い品質を提供しているからでしょう。一枚一枚の価格は安いのですが、結局何枚も買うことになり、売上げは増加します。インナーであれば、外から見て他人と同じユニクロ製品を着ているかどうかはわかりませんから、かつて大流行したフリースが行きわたりすぎて失速したようなことは起こりにくいと思われます。ユニクロは低価格なのに機能性に優れているという『二兎を追う』ことによって、不況のなかでも増収増益を達成できているのです。

二〇〇八年一二月、金融危機の影響もあって、米国の大手航空会社五社が軒並み大幅赤字を計上するなかで、サウスウエスト航空は五〇〇億円強の黒字を計上しました。業界で最も安い運賃でありながら、三五年間もの長きにわたって黒字を計上しつづけているのは、しっかりとした戦略があるからです。運賃は安いものの、社員の給与は必ずしも低くはありません。乗務員は楽しそうに働いています。最近も、サウスウエスト航空の乗務員が、離陸時の安全についての機内アナウンスをラップで調子よく説明している様子がアメリカのテレビで放映され話題になりました。お堅い航空会社では、ラップで安全説明をするなど不謹慎きわまりないとおそらく許してくれないでしょう。しかしこのときの乗客は、熱心に乗務員のラップに集中し、安全についてのポイントを自然に受けいれているようにみえました。ほとんどの人が聞いていない形式的な説明よりもよほど効果があるのではないでしょうか。

顧客満足度も抜群です。業界で最低運賃にもかかわらず、荷物紛失のトラブルも少なく、時刻表通りの離着陸をする率が高いなどといった、高品質のサービスを提供できているのです。決して顧客満足度を第一に掲げてはいません。むしろサウスウエスト航空は、従業員満足度を第一に掲げているのです。しかし、結果的には、顧客の高い満足度を得ているのです。

ユニクロやサウスウエスト航空の例をみると、品質とコストといった二律背反と考えられがちなものが、実はそうではなくて、両立することが可能な場合もあるということがわかります。兎《うさぎ》の場合は二匹を追うことによって、両方を逃してしまうかもしれませんが、商品やサービスに関してはどうもそうではなさそうです。

ここでは、品質とコストという組み合わせで考えましたが、いろいろな組み合わせが考えられます。たとえば顧客ごとに製品をカスタム化すると製品開発の時間がかかってしまい、コストが上がります。しかし、やりようによっては、ここでも二兎を追う経営は可能です。

## テーラーメードは高級か

テーラーメードという言葉から私たちは何を連想するでしょうか。たとえば衣料品にテーラーメードという言葉を使う場合には、既製品と違って高級というイメージがします。テーラーメード衣料の場合には、自分の体型にぴったり合うように手間暇かけて作ってくれるということであったり、自分の好みに合うようにオプションを選べて世界に二つとないユニークな衣料に仕立て上げることであったりするわけであって、必ずしも高級とは限りませんが、手間をかけた分、あるいは高級な素材を選んだ分、コストは高くなってしまいます。そうなると既製品に比べて価格は高くなるのですから、高級と考えるのも無理はありません。

それでは、医療にテーラーメードという言葉を使うとどうでしょうか。技術の進歩によって、ヒトのＤＮＡを分析することがコスト的にも時間的にも現実的になってきたことから、一人ひとりのＤＮＡを分析して、それぞれの特性に合わせた医療を提供するという意味で使われたりします。この場合は、高級な医療サービスというよりも、個々の患者にカスタマイズした医療サービスという色彩が強いように思われます。

しかし、病気の状況は患者一人ひとり異なるわけですから、本来医療というものはテーラーメードであるはずです。あえてこの言葉を使うようになってきた背景には、先に述べたように患者のＤＮＡを分析したり、過去の既往症《きおうしょう》のデータベースを活用したりすることによって、これまで十分に対応できなかった領域まで考慮して、患者個々に対する医療サービスを充実していきましょう、という考え方があるのだと思います。もちろん、そのためのコストが高くなれば、テーラーメード医療を受ける人は高い医療費を払うことになり、衣料品の場合と同様に、価格が高いという理由で高級なサービスというイメージが定着するかもしれません。しかし、本来のテーラーメードは、高級というよりも一人ひとりに合わせたサービスということなのです。

企業が提供する製品やサービスを個々の消費者や企業ユーザーに合わせて変更する場合に

は、テーラーメードという意味でカスタム化という言葉がよく使われます。テーラーメードの場合と同様にカスタム化は価格が高くなる傾向にあります。日本の定期券がカスタム化されている事例は先に述べました。

一般的には、カスタム化は価格が高く、また時間もかかるというのが常識です。したがって、企業は、製品価格を下げる場合には少ない品種の製品を大量に生産することを考えます。これに対してカスタム化は、どうしてもコストが上がるので、その分を吸収するために価格を高めに設定します。

ところが、この常識を覆《くつがえ》し、多品種でもコストを抑え、しかも開発時間を短くすることを可能とし、事業を大きく成長させた企業があります。安川電機のロボット事業です。

**ロボット事業と「滑《なめ》らかな動き」**

北九州市に本社のある安川電機は、サーボモーター、インバータ、産業用ロボットなどの分野では、世界のトップ企業です。市場シェアをどのような切り口で見るかにもよりますが、自動車工場や大型液晶パネル工場などで使われる産業用ロボットでは、ヨーロッパのABB、日本のファナックを抑えて、世界ナンバーワンのシェアを誇っています。

たとえば、世界初の七軸双腕ロボットを開発し、これまでのロボットにできないような細かい動きまで実現しています。一台のロボットが人間のように多能工化する時代もすぐそこに見えてきました。

今でこそ快進撃を続ける安川電機のロボット事業ですが、かつては赤字事業部として、その存続を危ぶまれていた時期がありました。これを立て直し、世界のトップ企業にまで高めたのが、利島康司《としまこうじ》社長です。利島康司社長がロボット事業を再建してきた戦略こそ、まさに二兎を追う経営であったといえます。では、その歴史を振り返ってみましょう。

北九州市一帯は、明治以降、炭鉱業の産業集積地として発達してきました。やがて炭鉱業から製鉄業へと産業集積の内容も変化していきますが、安川電機の成長もこの変化と無縁ではありませんでした。もともと炭鉱で使う電気製品を製造販売する会社として一九一五年に設立され、石炭掘削《くっさく》用大型モーターや発電機などを事業の柱としてきたのです。

モーターは工場の製造装置にも使われますが、民生分野でも縁の下の力持ちとして様々なところで私たちの生活を支えてくれています。身の回りをみても、エレベーター、電車、エアコンなど動きのある至るところにモーターが使われています。たとえば、自動車ではワイパーやドアミラーなどを動かすためにモーターが使用されていますが、あくまでも付属的な使われ方です。しかし現在主流のガソリンエンジン車が、ハイブリッド自動車、さらに電気自動車へと変革していくと、エンジンに代わってモーターが自動車の主流となる日がくることでしょう。このように、モーターはますます応用範囲が広がる有望な事業分野です。

モーターを使った製品、たとえば、エレベーターや電車が急に動き出したり、あるいはその逆で急に止まったりすると、私たちは不快な思いをします。不快ですめばまだよいのですが、電車が急停車したら、それこそ倒れて怪我をしかねません。物理学でいうところの『慣性の法則』を肌で体験することになります。このような体験は誰しもしたくないはずです。

そこで、エレベーターや電車などが滑らかに動き出したり止まったりするように制御する技術が重要になってきます。それがモーションコントロールと呼ぶ事業分野です。モーターとその動きを制御する技術を総称してこのように呼んでいます。そこは、モーターというハードウエアとモーターの動きを制御するソフトウエアの二つの技術が見事に融合している事業分野です。

このモーションコントロールは様々なところに使われはじめています。先に述べた動きの変化を滑らかにする目的はもちろん、無駄な動きをしないようにすることもできるので、省エネルギー効果も期待できます。このモーションコントロールの重要な応用分野の一つが実はロボットなのです。ロボットの動きはモーターで実現していますが、その動きを制御する、いわば人間の脳の働きをするのがモーションコントロールといってよいでしょう。安川電機にとってロボット事業は、会社の成長とともに出てきた自然な選択であったと思われます。

**結局は、顧客が何を求めているか**

安川電機のロボット事業が大きく踏み出すきっかけとなったのが、一九七四年のロボット展に出品されたアーク溶接用ロボットでした。アーク溶接とは、電気の放電を利用して金属同士をつなぎ合わせる溶接法のことです。近所の鉄鋼所や工場で、顔を保護する金属のお面を片手に、電気で火花を散らしながら溶接する姿をご覧になった方もあるでしょう。それをロボットが実行するというものです。この動作を可能にするためには、正確な位置決めが必須となりますが、そこにモーションコントロールが活かされるのです。

安川電機の開発陣は、このアーク溶接ロボットを、二年間かけて完成させました。安川電機には、溶接工場があり、アーク溶接に関して技術の蓄積がなされていたことも、このロボットを開発するのに大いに役立ったといいます。

このアーク溶接ロボット一号機は、ロボット展で華々しいデビューを飾り、多くの引き合いがありました。ところがなかなか受注につながりません。油圧式のロボットを置き換えるべく電動式のロボットを実現したのですが、その良さがなかなか顧客に伝わりませんでした。

ちょうどそのころ、スウェーデンのアセア社（現在のＡＢＢ）が、電動式の多関節ロボットを発表していました。安川電機の開発よりも一年早かったのですが、安川電機のロボットに比べてはるかに優れていたのです。安川電機の開発陣は、それまで市場に出ていた油圧式ロボットを電動式に転換することを目標に取り組んできました。

しかし、顧客にとっては、油圧式であろうと電動式であろうと、実現手段はどうでもよいのです。本当に大事なことは、その結果、たとえば工場生産の生産効率がどのくらい向上するのか——言葉を換えて言えば製品原価がどのくらい低減するのかが重要です。それなりの設備投資額が必要になるわけですから、ロボットを導入することによって生じる原価低減額が、果たして設備投資額に見合うかどうかが知りたいわけです。

しかし、安川電機の開発陣は、単に技術を置き換えることだけを考えていたので、具体的にどのようなベネフィット（利益）を顧客に提供できるのか、そこまで考えていなかったのでした。技術の進化を果たした時点で、一段落したような気になっていました。これが、引き合いは多いものの実際の受注にこぎつけられない原因だったのです。

これに対してアセア社の電動式ロボットは、安川電機の技術者が見ても感動するほど、そのコンセプトが斬新《ざんしん》で優れたものでした。たとえば、油圧式に比べてはるかにコンパクトなのです。コンパクトだからといって、動作範囲が狭いわけではありません。ロボットが小さくて動作範囲が広ければ、工場の面積を小さくすることができます。これは顧客にとって大きなメリットです。

またアセア社の電動式ロボットは、電動式という特徴を活かして、油圧式ではとても実現できないほどの動作スピードを誇っていました。これこそ顧客が望むところです。ロボットの動作スピードが速いということは、それだけ生産のスピードが速まるわけですから、工場を増やすことなく生産数量をあげることができます。

アセア社のロボットを見た安川電機の技術者たちは、その素晴らしさに感銘を受け、そこから学び、次の開発に活かしていきました。

これまでの油圧式ロボットの後追いをするのではなく、やはり自分たちで製品コンセプトを作り、電動式ロボットでなくてはできないような機能や性能を持つアーク溶接ロボットを開発すること――、これが結論でした。そしてついに一九七七年、萬《よろず》自動車（現ヨロズ）中津工場に、安川電機のアーク溶接ロボットが採用されたのです。

このように歴史の古い安川電機のロボット事業でしたが、事業部としては、その後赤字が続き、必ずしも成功しているとは言えない状態が長い間続くのでした。たとえば、ロボット事業部は、大型モーター工場の片隅にあり、工場内のエレベーターを使うにも、儲《もう》かっているモーター事業部はエレベーターを使ってもよいが、赤字のロボット事業部は階段を使いなさいと言われていた時期もあるほどでした。

## 『御用聞き営業』を超える

そのような事業部に現在の利島康司社長が事業部長として就任したのが、九〇年代半ばのことでした。慶応義塾大学法学部出身の彼は、安川電機始まって以来、初の文系出身の工場長でした。工場長としてバリバリ働いて業績を上げていました。前途は洋々だと思っていた頃、突然、万年赤字だったロボット事業部のトップに任命されたのです。本人は、この人事異動を左遷と思い、がっかりしたようでした。ところが、ここからロボット事業部の快進撃が始まります。

新事業部長は、どのようにロボット事業部を立て直し、成長させたのでしょうか。

社内を見渡してみると、営業が営業に出ず社内にいることに気が付きました。その理由はすぐにわかりました。先に述べたように、安川電機のロボット事業部の最初の製品はアーク溶接ロボットでした。開発から二〇年経った九〇年代半ばになっても、製品はアーク溶接ロボットの一種類だけだったのです。そのため、自動車工場の設備投資が一回りすると、しばらく購買需要は出てきません。営業もそれがわかっているから、外に出なかったのです。

しかし、これでは事業が赤字になるのも無理はありません。ロボットの種類を増やして、販売の機会を増やさなければなりません。そのため、営業には『犬のように嗅《か》ぎまわって』情報を集めてくることを厳命しました。

営業一人ひとりを叱咤《しった》激励するだけでなく、自らも進んで営業の現場に出ることにしたのです。

経営の仕組みも変革しました。その一つが安川商事の吸収合併です。利島康司社長がロボット事業部長になった頃は、メーカーである安川電機と販売・マーケティングを専門とする安川商事が別々の組織になっていたのです。これでは、顧客の情報が開発側にうまく流れません。あるいは開発側の情報が営業にフィードバックされることも少ないのでした。

こうして組織にも手を入れ、営業を叱咤激励し、顧客の情報を積極的に収集しました。何度も現場に足を運ぶうちに、少しずつ情報が入るようになりました。ついに一九九八年、ホンダ埼玉工場の製造ラインに安川電機のロボットが初めて採用され、それをきっかけに国内のほとんどの自動車メーカーが安川電機のロボットを採用するようになったのです。

ホンダ埼玉工場からの受注の裏には、利島康司社長ならではの緻密《ちみつ》な戦略がありました。自動車工場の産業用ロボットでは、ファナックやＡＢＢといった実績のある会社がひしめいていました。ほとんど実績のない安川電機が受注するのは、営業努力だけでは不可能です。

そこで、利島康司社長は、先ほど述べたように徹底的に顧客の要望を聞いて実現することとしました。本人いわく『御用聞き営業』です。しかし、その内容をよく見ると、決して『御用聞き営業』ではないことがわかります。

これは大切なポイントですが、要望を聞いて、顧客が洗いざらいすべてを話してくれるわけではありません。そこが単なる『御用聞き営業』では競合他社に勝てないところです。また、たとえ顧客がすべてを教えてくれたとしても、競合他社も同じ情報を持てば、優位性はなくなります。むしろ新規参入ですから、同じ情報しか持てないようでは、最初から勝ち目はありません。しかもこれまでの実績から、競合他社のほうが多くの情報を持っていることは間違いありません。

**顧客の設計思想に合わせたロボット**

競合に勝って受注するためには、顧客の要望を満たすだけではなく、顧客も気づかなかったような点まで改善提案を出していく必要があります。これには、やはり単なる『御用聞き営業』では実現できそうもありません。

そこで安川電機は、自社の工場内に実際に自動車生産のモデルラインを構築しました。顧客の立場に立って、産業用ロボットのコンセプトを練り上げることまで実施したのです。実際の組み立て作業を模擬《もぎ》実験してロボットを使ってみると、様々な使いにくさも見えてきます。そうした欠点は、図面だけ見ていても出てきません。あるいは実物のロボットを単独で動かすだけではわかりません。実際にロボットを製造ラインのなかにおいて作業をしてみなければ、わからないことなのです。安川電機は、自社の工場内に模擬ではあるにしても自動車生産ラインを作り、自らを顧客の現場に置いてみることによって、顧客も気づかないような提案をすることができたのです。

競合他社が標準品で攻めるところを、安川電機は徹底的にホンダの工場に特化したロボットを開発することに専念しました。千手《せんじゅ》観音と呼ばれるロボットは、ホンダの要望を取り入れ、安川電機の企画を盛り込んで開発されたロボットだといわれています。自動車製造工場というのは、会社によって、設計思想が違います。あるいは同じ会社でも、工場によって設計思想が異なっています。したがって、自動車会社にとっては、標準品のロボットを買うよりも、これから設置する製造ラインの設計思想に合致したロボットを採用したいわけです。

このように新しいラインに最適なロボットをカスタムで設計し開発することが理想ですが、そうなると、大量生産によるコスト削減が難しいため、ロボットの単価は高くなり、しかも開発期間が標準品に比べて長くなります。このように、カスタム化とコストあるいは時間とは二律背反の関係にあるのです。

ここで、カスタム品だから高くて当たり前、開発時間が長くて当たり前と言っていたのでは、受注できません。かといって赤字受注をしていたのでは本末転倒です。また納期を短くしようにも、安川電機のロボット事業部は赤字を続けていましたから、人員も十分ではありませんせん。短期間で開発するだけのリソースが明らかに不足していたのです。

## 『外専内標《がいせんないひょう》』――社外から見ると専用品だが、社内から見ると標準品

しかし、利島康司社長は、カスタム化と相反《あいはん》する低コストや短納期をあえて両立させるところから始めました。普通は三年かかるところを一年で開発すると宣言しました。技術者は悲鳴を上げたかもしれません。細かい事情のわからない文系のトップだから言えたのかもしれません。しかし、ファナックなど既存の競合他社に勝つためには、カスタムであるうえで、標準品に勝てるような価格と短納期を実現しなければならなかったのです。

そこで、カスタム品でありながら、低コストと短納期を実現する経営の仕組みを考えていきました。その仕組みが『外専内標』という言葉に集約されています。これは、社外に対しては専用品に見えますが、社内から見ると標準品に見えるというものです。すなわち、多くの品種のロボットを開発するための共通のプラットフォームを確立します。すべてのロボットをゼロから開発するのではなく、会社として共通のプラットフォームを作り、このプラットフォームのうえで、顧客の個別の要望を実現するための変更を加えていくというものです。

プラットフォームの次に必要なのが人材の育成です。いくら共通のプラットフォームがあったとしても、カスタム化を行なうためには、やはりそれだけの量と質の人材が必要です。

そこで若手の育成が『外専内標』を実現するうえで鍵となりました。安川電機のロボット事業部では、若手の人材育成に工夫を凝らしています。

まず新入社員は半年間、自主企画のロボット開発プロジェクトに専念することになります。先輩社員は相談にのりますが、基本的には企画から開発まですべて新入社員の自主性に任されます。こうして新入社員は、ロボットを企画し開発するというプロセスを早い段階で一通り経験することができます。

さらに入社三年目くらいになると、実際の顧客向けロボットの開発を任せられます。上司の指導のもと、基本的にはすべて一人で仕事を完遂します。このような人材育成がなされているからこそ、カスタム化が可能となってくるのです。

利島康司社長が事業部長に就任した当時は、アーク溶接ロボットただ一種類でしたが、現在では二千種類ものロボットを扱っています。これは競合であるファナックの標準化戦略とは対極をなす考え方です。常識では、カスタム化をすると品種が多くなり、開発コストが高くなり、利益が上がらないというものでしたが、安川電機はカスタム化とコスト低減・開発期間短縮という二律背反を見事に実現する仕組みを作り上げました。その核となるのが、『外専内標』という考え方であり、人材育成なのです。

# 第7則　異なる分野の技術を結集する

――守備範囲を広げる努力ができていますか？

**象の時間、蟻の時間**

あなたの会社は、最近、次のような兆候に悩まされていないでしょうか。

・技術開発や製品開発がマンネリ化し、イノベーティヴな製品を生み出していない。
・海外製品との価格競争に巻き込まれ、後追いの値下げを繰り返している。
・ベンチャー企業がわずかな間に急成長し、自社のビジネスが危うくなってきたことに気づきはじめたものの、恐竜のような組織のために身動きがとれない。
・自社で採用している技術者の専門分野が固定化されており、技術分野の変化に対応しようにも、社内に専門家がいない。

このような状況になると、社内の技術だけではもはや対応できないと社外の技術に助けを求めるようになります。実際に、社外の知恵を製品開発に活用して成果をあげている事例もあります。いわゆるオープンイノベーションというものです。社内の技術に固執せず、良いものは積極的に活用しようというもので、現状を打破する一つの解決方法といえるでしょう。

オープンイノベーションの古典的な事例としては、一九八〇年にパソコン事業に参入したIBMの開発スタイルがあげられます。当時のIBMは、大型コンピュータで市場をリードしていました。業務を効率化するために、経理や営業など様々な部門で大型コンピュータが使用されはじめていました。IBMは、半導体やハードディスクといった部品も含めてコンピュータに使われるハードウエアの開発はもとより、OSといった基本ソフトウエアから業務用ソフトウエアまですべての開発を行なっていました。典型的な垂直統合型の事業を展開していたのです。

ところが、七〇年代半ばから、今でいうパーソナルコンピュータ（パソコン）がベンチャー企業によって製品化されるようになると、それまでの事業形態を変える必要性が出てきました。当初パソコンを購入していたのはオタクの人たちで、趣味や遊びに使っていましたが、次第にIBMの大型コンピュータ事業を脅かすのではないかとの恐れが出てきました。しかし、当時のIBMは官僚的な組織で、パソコンを自社で開発するとなると、三年はかかってしまうだろうと思われました。もちろん社内に技術がないわけではありません。問題は、大型コンピュータが対象としている市場とパソコンが対象としている市場とのスピード感の違いでした。

そこで、ＩＢＭは、わずか一年でパソコンを市場に出すためにはどうすべきか戦略を練ることにしました。その戦略を託されたマネージャーが経営会議に提出した資料には、プロセッサー、ＯＳ、ビジカルク（現在のエクセルのような表計算ソフト）、ワードプロセッサーなど主要構成部品をすべて外部に委託するという、当時のＩＢＭにとっては許しがたいような製品開発コンセプトが書かれていました。何から何まで社内で開発することを旨としていた幹部たちにとって、これは衝撃だったに違いありません。その意思決定には紆余《うよ》曲折《きょくせつ》があったことが推測されますが、結局、会長の後押しもあって、この方針で進めることになりました。スピードを最優先させた結論でした。

## オープンイノベーションの陰

一年後、ＩＢＭは見事にパソコン事業を立ち上げ、たちまち市場のリーダーへとなっていきます。まさに王者の貫禄です。リーダーのとるべき戦略では、市場の脅威が出てきたときに、すぐにつぶしてリーダーになるということが鉄則ですが、まさに模範例といえます。パソコンが趣味のものから業務用へと移っていく過程で、ＩＢＭの業務用ソフトウエアの技術蓄積と企業顧客とのネットワークが圧倒的な強みとして機能したのです。

それから二三年経った二〇〇四年一二月、IBMはパソコン事業を中国のパソコンメーカーであるレノボ（聯想集団）に売却し、パソコン事業から撤退することを宣言することになります。レノボは、IBMから委託されてパソコンの製造を行なっていた企業でした。IBMは、一九八〇年の時点で、パソコンの開発ばかりでなく、製造まで外部委託するということを意思決定していたのです。こうして、IBMにおけるパソコン事業は消えることとなりました。

そのパソコン事業は一定の役割を終えたのだということもできるかもしれません。しかし、パソコン事業を売却せざるを得なくなったのは、オープンイノベーションの陰の部分でもあるように思われます。一九八〇年の意思決定によって、外部の力を借りて、事業の立ち上げを迅速《じんそく》に行なうことができました。しかし、その結果、パソコン事業の重要な技術は、IBMの社内ではなく、インテルやマイクロソフトなど外部に蓄積されるようになってしまったのです。

冒頭にあげたような諸事情から、開発や製造を外部に委託すると、問題が解決したかにみえます。もちろん、社外に委託すると、一時的には様々な問題に直面します。しかし、それはあくまでも短期的なものです。やがてその時期を過ぎると、あとは技術開発や製造の苦しいところを外部の企業が肩代わりしてくれるわけですから、これは楽です。しかし、それがやがてボディブローのように効いてきます。社外へ委託した当初は、社内にも技術の勘所《かんどころ》を押さえ、仕様を決める力が残っています。しかし、外部委託が長年続くと、そうした力が社内から全く失われてしまうのです。

オープンイノベーションを上手に活用し、事業撤退するようなことにならないようにするためには、社内にどのような技術を残すか、社外からどのような技術を持ってくるか、その線引きが重要です。しかも、社外から持ってきた技術をいかに社内に取り込むかが鍵といえます。ところが、社外の技術を取り込まないばかりか、社内の技術を流出させてしまう一方のオープンイノベーションでは、気づいたときには社内に何も残っていないということになりかねません。

異なる分野の技術を社内に取り込んで成功した企業があります。建機《けんき》（建設機械）メーカーのコマツです。次にその事例を見てみましょう。

**建機メーカー、コマツ**

現在のように電子的なゲームがまだ普及していなかった高度成長期、ショベルカーやブルドーザーといった建機の玩具は、当時の男の子たちにとって、あこがれの一つでした。玩具とはいいながらもその姿はどこか頼もしく、決して大袈裟《おおげさ》ではなく男の子たちの夢を育むものであったのです。

さて、これから話をするコマツ（株式会社小松製作所）は、キャタピラー社に次ぐ世界第二位の建機メーカーです。その発祥の地は、石川県小松市郊外、遊泉寺《ゆうせんじ》銅山でした。この銅山の鉄工所として一九一七年に設立された小松鉄工所がその始まりです。一九二一年に小松製作所となり、その一〇年後には国産第一号である農耕用トラクターを完成させています。建機分野で国産一号となる製品を開発したDNAは、その後も継続され、一九四三年、国産ブルドーザーの原型ともいうべき「小松一型均土機《いちがたきんどき》」を完成させています。

このDNAは製品開発だけにとどまりません。市場開拓にも遺憾なく発揮されます。早くから海外に進出し、一九五五年には、整地用に使うモーターグレーダーの輸出契約をアルゼンチンと締結しています。これは日本から輸出された初めての建機でした。

その後、一九六四年には早くもインドに駐在員事務所を開設しています。インドで五〇%ものシェアを持つ自動車メーカーのスズキですら、その進出年が一九八一年であったことを考えると、コマツの海外進出がいかに早かったかがわかります。続いて一九六七年にはベルギーに現地法人を設立し、七〇年にはアメリカ、七一年にはシンガポールと、矢継ぎ早の海外展開を進めていきます。その後もコマツの世界展開は積極的に進められ、現在では、日本、北南米、欧州・CIS、アジア・オセアニア、中近東・アフリカの各地域の売上げが比較的バランスよくなっています。

製品では、建機以外の分野にも進出していきました。国内建機市場の低迷で閉鎖した工場の余剰人員を、半導体に使うシリコンウエハや電子部品事業に振り向けました。いわゆる多角化です。たとえば、シリコンウエハ事業は子会社のコマツ電子金属が行なっていました。しかし結局、この事業はシリコンウエハ大手のSUMCO《サムコ》に売却してしまいます。

多角化を捨てて本業に回帰しますが、多角化の経験によってITなど他分野への視点や感覚が研《と》ぎ澄《す》まされ、後々の経営に生きてくることになります。

**ダントツ商品を実現するには……**

コマツの競争力を支える戦略は、他社にないダントツ商品を作ることだといわれています。ダントツとは文字通り、競合他社製品と比べて圧倒的に性能差のある製品を指しますが、その中身をもう少し詳しく見てみましょう。

ダントツとすべき建機の性能としては、静粛性《せいしゅく》、燃費、安全性、パワー、速度などの要素があります。ダントツというのは、こうしたすべての要素をまんべんなく向上させることではありません。むしろ、捨てるところは捨て、その代わりに勝つべきところは競合他社が数年たっても追いつけないほど徹底的に勝とうというものです。もちろん、捨てる性能ではあっても、あまりにも他社に劣っていては話にならないのは、いうまでもありません。

突出した性能の目標を掲げるときに考慮すべき点が二つあります。まず競合他社をリードする時間です。ダントツ商品を市場に出すまでの時間と、商品化したあとでリードしつづける時間の二つの要素を足して考えなければなりません。技術を開発し、それをもとに製品化するまでに、たとえば三年を要したとしましょう。運よく市場に投入できたとして、その製品で他社を最低三年、できれば五年はリードしたいと仮定します。すると、開発目標を立てる時点では、六年から八年後にもまだ他社をリードできている性能でなければなりません。

また他社をリードしているかどうかを判定するには、当然、計画立案時点での他社の技術レベルを把握しておく必要があります。たいていは推測するしかないわけですが、この推測が間違っていると、自分では八年リードするつもりの目標設定が、実は四年と半減してしまったりしかねません。すると、開発費用が回収できずに終わる事態もありえます。ひとくちにダントツ商品を作るといっても、競合他社の現状の技術レベルをできるだけ正確に推測したうえで、自社技術の客観的な位置を知っておかなくてはならないわけです。これは言うには易しく、しかし技術者にとってはかなり高いハードルになります。そこをいかに達成していくかが大切なポイントとなります。

ダントツ商品を実現するうえで重要なもうひとつのポイントは、ダントツとすべき領域をどこに選ぶかという点です。これは意外と盲点なのですが、建機という製品を開発するのですから、建機に閉じた世界での性能をリストアップして、ダントツとすべき性能を絞りこんでいくのが普通のやり方だと思います。ところが、コマツはその王道を採りませんでした。ここがとてもユニークな点なのです。

もう少し具体的にお話ししましょう。

それは、建機という製品を使う顧客の立場に立って、顧客の視点で事業の仕組み全体を考慮することです。建機の性能はもちろん重要ですが、顧客にとってそれはほんの一部です。彼らには建機の性能以外にも考えなければならないことが山ほどあるわけです。建機の性能がいくらダントツでも、他に障害となることがあれば、建機のダントツさが活かせません。コマツは、そこまで考えて、ダントツとしているのです。これは容易なことではありません。なぜならば、自社の得意とする分野以外の技術をどう開発するかという新たな問題が出てくるからです。しかし、コマツは、建機という技術分野以外にもダントツとすべき領域を選び出し、挑戦し、見事に実現したのでした。

そうした領域の選び方の優れた事例として最もわかりやすいのがコムトラックスと呼ぶICT（情報通信技術）システムの導入です。建機の分野とはまるで違うICT分野の技術を導入することによって、ダントツ商品として仕上げているのです。

## 建機《けんき》をめぐる特殊環境

そもそもICTシステムに関する技術蓄積があるのは、社内の情報システム部門です。情報システム部門は社内の情報システムの構築や運用を担うバックオフィスの世界であって、製品開発のための技術蓄積をする部門ではありません。そもそもコマツのような会社では、社内の情報システム部門が扱う技術の領域と、製品に必要な技術の領域とでは違うのが普通です。しかし、コマツのコムトラックスは、社内の情報システム部門の力と外部からの技術導入をうまく融合して、商品に適用して成功しているのです。

まずコムトラックスの特徴を説明する前に、コムトラックスを導入する前の状況がどのようであったかを考えてみることにしましょう。

建機というのは、売ってしまえばそれで終わりというわけではありません。そのあとの保守・メンテナンスも重要です。ランニングコストは、建機購入費用の三倍はかかるとさえいわれています。

一般的に工作機械を扱うメーカーでは、故障した際に、できる限り製造ラインのダウンタイムを短くするためのサポートサービスが不可欠です。建機は工場で使われる工作機械とは違いますが、故障によって作業が止まるという点では、サポートサービスの重要性は全く同じです。工作機械の場合は、工場は固定していますので、サポート体制も計画が立てやすいはずです。しかし、建機というのは、作業場所が変わり得るので、工作機械以上にサポートサービス体制の整備が難しいのです。

さらに建機は、工作機械とは違って、炎天下など厳しい環境での作業が続きます。消耗する部品の交換や点検などの保守・メンテナンス事業は顧客にとっても重要ですし、メーカー側にとっても収益の大事な柱になります。現場が移動することもあって、世界中に、保守・メンテナンスのための拠点を設け、サービスマンが定期的に建機の稼働《かどう》している現場を巡回することになります。

このとき、多くの問題がコマツ側にも顧客側にも生じます。まず、コマツは、世界中の現場を定期的に巡回するための人員と拠点を設けなければなりません。しかも現場は移動します。どのくらい頻繁《ひんぱん》に訪問すればよいかは、建機の使用状況によっても異なりますが、顧客の利便や安全サイドのことを考えたら、やはり頻繁に巡回するしかありません。すると、まだ交換時期でもないのに訪問してしまうこともあるでしょう。建機が使われる現場は、交通の便のよいところとは限りません。むしろ、交通の便の悪いところのほうが多いはずです。そうした現場を、必要以上に頻繁に巡回することは大きなコスト増につながります。

顧客にとっても問題があります。点検サービスは必要ですが、定期点検のために、作業を中断しなければなりません。作業を中断するということは、それだけ仕事のスケジュールが遅れるわけです。しかも、点検の結果、まだ部品交換の必要はなかったということになったら、何のための点検作業かということになりかねません。だからといって、次回まで待つのが心配ということで部品交換をするのも無駄です。

このように、人里離れた現場までサービスマンが出向いて部品交換の定期点検をすることは、コマツにとっても顧客にとっても大きな非効率だったのです。

さらに問題は続きます。顧客にとって、頭を悩ます問題は、建機の故障だけではありません。世界にはいろいろな国や地域があります。夜の間に建機から燃料だけ抜き取られてしまうこともあります。燃料を抜き取られることも損害ですが、燃料がないために翌日の作業に影響が出ることになります。しかし、燃料だけならまだしも、場合によっては、建機ごと盗まれてしまう場合もあります。こうなると、作業そのものが完全にストップしてしまいます。人里離れたようなところに駆けつけてくれる警備サービスがあるとは思えませんし、自ら警備員を雇うとさらにコストがかさみます。

こうした問題をスマートに解決することができるシステムが、コムトラックスと呼ぶデータ収集分析システムなのです。

このシステムが顧客にとっていかに魅力的かは、競合製品の建機を使うユーザーからも、コムトラックスのシステムを競合の建機に使えるようにできないかとの引き合いが来ていることからもわかるでしょう。こうした顧客は、建機の買い替え時期に、コマツの建機に乗り換えることが容易に推測されます。

## 経営判断に直結したコムトラックス

日本では二〇〇一年から、すべての建機にコムトラックス用のセンサーが標準装備され、順次、中国や欧米で販売する建機にもセンサーが標準で取り付けられるようになりました。二〇〇八年一〇月時点では、全世界で一二万台にコムトラックス用のセンサーが装備されています。これは稼働《かどう》している建機の二割に相当します。コマツでは、二〇一〇年にはすべての建機に装備する予定です。

このセンサーは、世界中にある建機の位置情報、稼働時間、部品の消耗状況、エンジンの負荷状態、燃料の残量などの情報を集めることができます。集めた情報は無線通信によって、世界各地の統合会社に自動的に送信され、最終的には溜池《ためいけ》のコマツ本社に集められます。本社九階にあるプラズマディスプレイで、東京にいながら、世界中の建機の情報を一日で見ることができるのです。

このような情報をリアルタイムで収集することで、前に述べたような問題が解決されます。個々の建機の稼働状況や部品の消耗状況から、適切な交換時期を予測して、保守サービスを行なうことができます。コマツにとっても無駄がないですし、顧客にとっても同じです。またエンジンをかけた形跡がないのに前日の夜に満タンだった燃料が空っぽになっていれば、燃料の盗難にあったのだということもわかります。あるいは、建機が走れるような速度よりも速く動いていることがわかれば、盗難にあっていることが推測できます。東京にいながら、世界中の建機の状況が手に取るようにわかるのです。

コムトラックスのすごさは、情報の流れが建機から統合会社への一方通行だけではないところです。統合会社から各建機へも情報を流したり建機をコントロールしたりすることができるのです。この特徴を活かした思わぬ使い方の提案を、中国河北省《かほくしょう》の販売代理店がコマツに提案してきました。中国の顧客のなかには、建機をローンで購入し、レンタルする個人オーナーがいます。この場合、レンタル収入の一部がローンの返済に充《あ》てられるのですが、建機の稼働状況を見ることによって、その状況を把握できます。つまりローン返済能力の与信管理が可能となるのです。場合によってはローンの支払いが滞《とどこお》るときもあります。そこで、この代理店が提案してきたのは、ローン支払いが滞っているオーナーの建機は、遠隔操作でエンジンをロックしてしまい、ローン支払いを促してはどうかということでした。

コムトラックスは、顧客にとってよいばかりではありません。コマツにとっては、保守・メンテナンスサービスの効率化につながります。さらに、需要予測という、メーカーにとっては極めて重要な計画にも活用することができるのです。次々と送信される世界の建機の稼働状況が入手できるのですから、需要予測をするのにこれほど確かな情報源はありません。コムトラックスのデータを国や地域ごとに分析することによって、その動向を詳細に把握し予測することができます。

たとえば、二〇〇四年の中国市場において、コムトラックスのデータから、建機の稼働状況が減少していることをつかんだコマツは、工場のラインを三カ月間止める意思決定をしました。その後、需要が冷え込んだにもかかわらず、コマツは過剰在庫を抱えこまずに済んだのです。このとき、ラインを止めて生産調整するのが、一カ月遅れていたら、在庫を抱えて大幅な業績悪化に苦しんだはずです。しかし、コムトラックスのおかげで、V字回復した二〇〇三年の業績をさらに伸ばし、その後の増収増益の大きな足掛かりとすることができたのです。

コムトラックスによる需要予測は、工場のライン調整だけにとどまりません。販売代理店では在庫をゼロにすることを努力目標としていますが、コムトラックスはそれにも貢献しています。現在は、全体の二割程度の搭載率ですが、今後は標準装備された建機が増えていくにつれて搭載率が向上し、データ量も増え、需要予測の精度を上げるための情報がますます充実していくことになるでしょう。

このようにコムトラックスは、コマツの経営にとって、実に強力な武器になっていることがわかります。しかし、繰り返しますが、コムトラックスのIT技術は、建機自体の性能を向上させる技術分野とは異なります。コマツの製品開発の主流技術ではないのです。しかし、そのITシステムが、今やコマツの強力な強みに変わってきました。もちろん、だからといって、建機そのものの技術開発をおろそかにしてよいというわけではありません。建機の技術とコムトラックスの技術は、いわば車の両輪なのです。

さらにコムトラックスが進化すると、無人運転の建機を遠隔でコントロールすることも現実的になってきます。鉱山会社にとっては、建機のコストもさることながら、建機のオペレーターの人件費もランニングコストの大きな部分を占めます。オペレーターだけでなく、その家族に対しても手厚い福利厚生を用意する必要があります。建機を使う現場は辺鄙《へんぴ》なところにありますから、オペレーターとその家族が生活するためのインフラまで整備しなければなりません。

ところが、遠隔コントロールによって、無人運転をすることができるようになれば、こうしたランニングコストを削減することができます。

## 異なる分野の結合がイノベーションを生む

工作機械メーカーの森精機製作所も、コマツと同じように、通信とITシステムを活用して顧客にとっても自社にとっても効率的な経営を行なっています。製造ラインで使用する工作機械にとって故障によるダウンタイムは極力短くしなければなりません。機械が故障すると、普通はメーカーのサポート部門に電話をして、結局、営業なり技術者が現場にやってきて、故障個所を診断し、それから必要な部品を取りに戻って、再び修理に戻ってくる、というプロセスを踏みます。しかし、これでは、非効率極まりありません。この間、ずっとラインを止めておかなければなりませんから、一刻も早く修理してほしい顧客としてはいらいらするわけです。

時間を短縮するためには、故障診断を迅速に正確に行なう必要があります。電話で故障診断がうまくいかないのは、顧客が工作機械の中身まで詳しく把握していないために、故障の正確な状況をメーカーに伝えられないためです。

そこで、コマツのコムトラックスのように、遠隔地にある機械の情報を正確に入手できるシステムがあればよいわけです。森精機製作所は、そうしたITシステムを工作機械に組み込んで、故障時の製造ラインのダウンタイムを極力短くする工夫を行なっています。工作機械が故障すると、遠隔診断モードに切り替え、メーカーの技術者が故障の原因を特定し、必要な代替部品を特定します。保守要員は、その部品を持って現場に出向き、修理に取りかかるのです。こうすれば、故障によるダウンタイムを半分以下に短縮することが可能になります。

建機メーカーや工作機械メーカーが、通信とITという自社技術とは違う分野の技術を活用した事例を紹介しました。

このように、複数の異なる技術分野を結合させることによって、ダントツの製品が生まれるとひと言で言い表わすことができますが、その実現は容易ではありません。それは、一人の技術者が、複数の技術分野に通じていることがあまりないためです。同じように、一つのメーカー内で、製品のコアをなすような技術については十分な蓄積があるとしても、異なる分野の技術についてはほとんどないことが珍しくありません。

自動車業界の例でいえば、現在の技術の主流は機械系です。しかし自動車がガソリンエンジンから電気自動車になると、電気系の技術者はもちろん、バッテリーに詳しい化学系の技術者が必要になってきます。長年機械系の技術者しか採用して来なかったとすると、電気や化学分野の技術者が社内にいないわけです。そうした分野を社外の企業と提携しつつ、社内に技術として蓄積をしていく必要があります。そこを、楽に短期的な成果だけを求めようと思って社外に頼りすぎると、結局は社内に技術が蓄積されず、やがて何もなくなってしまうのです。これは、メーカーが乗り越えなくてはならない大きな壁です。

この先、競争がますます激しくなってくると、成功は、圧倒的な製品またはサービスを提供できるかにかかってくるようになり、それを実現するには圧倒的な技術か、あるいは他社にはできない異分野を巧みに組み合わせる技術が必要になります。

その結果、技術者はどうしても自分の専門分野に閉じこもりがちです。もちろん自分の専門分野については深い知識と洞察力《どうさつりょく》を持っていなければならないことは論をまちません。それに加えて、他の分野の知識、それもどのような分野を持ってくるべきかという目利《き》きこそ、成功するうえで極めて重要な資質といえそうです。

# 第8則　技術はわかりやすく**翻訳**する

――その技術の優位性が使う人に伝わっていますか？

## 同じ大企業でも、金融危機で業績の明暗が分かれた

二〇〇八年秋から〇九年にかけて、米国に端《たん》を発した金融危機は世界の産業界に大きな衝撃を与えました。特に自動車や電機業界は軒並み大型赤字決算を発表し、ビッグスリーの一角であったクライスラーが、四月に日本の民事再生法にあたる連邦破産法一一条を申請し、再建の道を探ることとなりました。その後、六月には、長年にわたって世界最大の自動車メーカーであったGMが、同じ道をたどることになりました。

日本の自動車業界も厳しい状況です。あのトヨタですら二〇〇九年三月期は大型赤字となることを発表しました。二〇一〇年三月期の業績予想もやはり赤字です。トヨタは、二〇〇八年の秋から冬にかけて短期間に何度も業績予想をマイナス方向に修正しました。それほど市場の変化が急だったことがうかがえます。GMを抜き、グローバル市場でのトップを目指して新しい工場の建設に積極的だっただけに、かえってそれが裏目に出たかっこうになりました。設備投資の大きな事業ほど、またリーダー企業ほど、今回の金融危機では大きな痛手を被《こうむ》ったといえそうです。

電機業界も総崩れです。日立、ソニー、シャープなど軒並み厳しい決算を発表しました。設備投資額が大きくなるハイテク製品では特に業績悪化が顕著です。その代表的な製品であ

る半導体では、フラッシュ・メモリやDRAMの大手企業の業績が悪化しています。半導体ではありませんが、やはりハイテクの代表的な製品であるハードディスクドライブを扱う最大手であるシーゲートですら厳しい決算を発表しています。たとえば、こんな具合です。

・東芝、フラッシュ・メモリの赤字は通期で三九〇億円（二〇〇八・九・一九）
・サムスン電子、初の赤字……韓国企業にも需要減直撃（二〇〇九・一・二四）
・HDD最大手の米シーゲート、〇九年一月〜三月期、営業損益は二億五八〇〇万米ドルの赤字（二〇〇九・四・二三）
・エルピーダメモリの〇九年三月期、最終赤字は一八〇〇億円（二〇〇九・四・二八）

ここにあげた企業はいずれも、それぞれの製品で上位のシェアを持つリーダー企業です。ハイテク製品の特徴ですが、高度な技術開発を絶えず継続し、多額の設備投資を短期のサイクルで継続しなければならないという性格を持っています。シェアトップを目指そうとすると一兆円という規模の設備投資額になります。それほどの投資をするだけに、赤字が続くと事業の継続すら難しく、クライスラーやGMを対岸の火事と言っていられません。

ところが同じハイテクでも、半導体最大手のインテルは、大幅な減益になったとはいえ、二〇〇九年第1四半期も、営業利益率一〇％弱を確保しています。インテルの主要な製品は、メモリではなくて、プロセッサーです。もともとインテルはＤＲＡＭを発明した会社ですが、一九八〇年代半ばに日本企業の怒濤《どとう》の攻勢を受けて、ＤＲＡＭ事業から撤退し、プロセッサー事業に舵《かじ》を切ったという歴史を持っています。当時、ＤＲＡＭからの事業撤退は、『フォードが自動車から撤退するようなもの』と思う社員がいたほど、インテルにとっては苦渋の決断でした。実際に、ＤＲＡＭ事業撤退の結果、三分の一という大規模なリストラを実行しています。

しかし、その後、アンディ・グローブというリーダーのもと、インテルは見事に復活します。パソコン市場でのインテルのシェアは八〇％近くにも達し、その寡占《かせん》的な地位を不適切に利用したとの理由から、二〇〇九年五月には、ＥＵから一五〇〇億円の制裁金を科せられたほどです。そこに至る道は決して平坦ではありませんでしたが、ここではその物語にはふれません。

同じハイテク製品でも、あるいは同じ半導体でも、インテルと他の会社ではなぜこのように業績の差が出たのでしょうか？

### プロセッサーとメモリ――ハードウエアとソフトウエア

その答えはハードウエアとソフトウエアの融合にあります。

インテルは、ハードウエアの研究開発に力を注ぎ、プロセッサーに関する最先端の設計技術と製造技術を開発し、他社よりも早く生産に着手しています。創業者の名前を冠したムーアの法則は、一年半ごとに半導体の性能が倍になるというものですが、その法則を四〇年以上にわたって自ら実現してきました。半導体のハードウエア技術については、どこよりも進んでいます。半導体メーカーの中には、自社で生産せずに、台湾のメーカーに製造委託をしている企業も多いなか、インテルは自社の製造工場を持ち、常に最先端の製造技術の開発を行なっています。半導体装置メーカーを巻き込み、製造装置を新たに開発しながら、製造技術の開発を続けているのです。このようにインテルは、プロセッサーというハードウエアの技術を絶えず磨きつづけているのです。

インテルが優れているのはハードウエア技術だけではありません。ソフトウエア技術についても相当力を注いでいます。小さなチップのなかに一〇億個ものトランジスタを搭載する大規模な設計にとって、ソフトウエア技術は不可欠です。また設計したプロセッサーにバグ（設計ミス）がないかどうかの検証もしなければなりません。トランジスタの数が膨大《ぼうだい》なためにその検証も容易ではありません。世の中にない大規模な半導体の設計をするためにはその道具も自ら作る必要があります。世の中にあるような道具（ＣＡＤと呼ばれます）を使用していたのでは、最先端のプロセッサーを設計することはできないのです。

しかし、製造技術にしても設計技術にしてもハードウエアを実現するための技術を磨きつづけるという点では、フラッシュ・メモリやＤＲＡＭのメーカーもインテルと同じような努力をしています。インテルに劣らない製造技術や設計技術を開発し、設備投資を続けているはずです。この点、インテルも半導体メモリメーカーもそれほど違いはありません。

大きな違いは、半導体というハードウエアを使いこなすうえで必要なソフトウエアの存在です。インテルのプロセッサーがたとえばマイクロソフトのソフトウエアと切っても切れない関係にあるのに対し、メモリという製品はハードウエアだけでソフトウエアを必要としません。純粋にハードウエアの性能で勝負するということは、つまり競合他社から性能のよいメモリ製品が出ると簡単に置き換えられてしまうということです。

これに対してプロセッサーはそうはいきません。ハードウエアとしては性能のよいプロセッサーが他社から発売されたとしても、インテルのプロセッサーを簡単に置き換えるわけにはいかないのです。これまで積み上げてきたソフトウエア資産を無視することができないためです。もし過去の資産を無視すると、新しいパソコンを買ったユーザーが、古いパソコンで作成したファイルを開けないといったことが起こってきます。インテルのプロセッサーを置き換えると、このようなことが起きうるのです。ところが、メモリ製品の場合には、そのようなことは起こりません。

パソコンメーカーが新しいプロセッサーを採用しようとすると、これまでインテルのプロセッサーで動いていたソフトウエアをすべて新しいプロセッサーで動作するようにプログラムを書き直すという作業が発生し、容易に置き換えるという判断をすることが難しいのです。

このようにメモリ企業とインテルの間で業績に差が出るのは、ソフトウエアという過去の資産と関係があるのです。

ではメモリ製品を扱う企業は、永遠にインテルのような業績を上げることは困難なのでしょうか。

## メモリをメモリとして売らない会社

ところが、ここに、メモリ製品を売りながら業績を上げている企業があります。一九八四年に設立されたザイリンクスです。ザイリンクスの主要製品はＳＲＡＭと呼ぶ半導体メモリなのですが、ザイリンクスの製品カタログのどこを見ても、メモリらしき製品は見当たりません。そうなのです。ザイリンクスはメモリをメモリとしてではなく、ロジックとして売っている会社なのです。

半導体製品には、大きく分けてメモリとロジックの二つの種類があります。メモリというのは、データを保存する機能を持っています。ＵＳＢメモリの中のフラッシュ・メモリやパソコンに使われているＤＲＡＭやＳＲＡＭがその代表例です。一方、ロジックというのは、足し算や掛け算などの演算機能を持ち、インテルのプロセッサーがその代表例です。

このようにメモリとロジックは異なる機能ですから、メモリをロジックとして売るというのはすぐには理解できません。しかし、このような『翻訳』こそ、ザイリンクスの成功の秘《ひ》訣《けつ》なのです。ではどういうことか詳しく説明をしましょう。

読者の皆さんは、中学校の数学の教科書の後ろのほうに、三角関数や対数を計算した数字からなる表が付いていたのを覚えていないでしょうか。電卓のような便利なものがなかった時代には、三角関数表や対数表を参照して答えを出していました。

ザイリンクスが販売するメモリでは、たとえば、あらかじめ三角関数の計算をした答えをメモリの中に保存しておいて、必要なデータを読み出して答えを得るということを行なわせているのです。製品としてはメモリなのですが、使い方としてはロジックなのです。

読者の皆さんはすでにお気づきかもしれませんが、メモリに保存するデータを変えると、ロジックの機能が変わります。先の例では三角関数の答えを保存しておきましたが、対数の答えを保存しておけば対数の演算を、掛け算の答えを保存しておけば、掛け算を実施したことになるのです。つまり、ザイリンクスが売っているメモリは、あるときは三角関数の計算、あるときは対数の計算、またあるときは掛け算というように、保存するデータを変えることによっていかようにも機能を変えることができるのです。ここでは簡単な計算の機能を例としましたが、ユーザーがメモリの内容を書き換えることによって、もっと複雑なロジックを実現することもできます。

ザイリンクスの製品は、専門用語でいえばフィールド・プログラマブル・ゲート・アレイ（FPGA）と呼ばれているものです。ゲート・アレイというのは、基本的な論理回路が規則正しく並んでいることを示しています。通常は、この基本的な論理回路同士をハードウエアとして物理的に接続して、複雑なロジックを構成します。したがって、一度作ると、別の目的のためには、再度作り直さなければなりません。

ところが、FPGAというのは、フィールド・プログラマブルという名前が示す通り、現場でユーザーが書き換えることができます。ザイリンクスのFPGAはメモリですから、データを書き換えることによって、論理回路を現場で作り直すことができるのです。

FPGAでは、メモリに様々なロジックを書き込むことになりますから、ユーザーが実現しようとするロジック機能をメモリ上に実現するためのソフトウエアが重要な役割を担ってきます。インテルのプロセッサーがパートナーとして重要なソフトウエアというのは、マイクロソフトのウィンドウズであったりオフィスであったりしますが、ザイリンクスのソフトウエアというのは、いわば設計のツールのようなものです。そのような違いはありますが、この設計ツールはユーザーに開放され、ユーザーが使うという意味では、マイクロソフトのソフトウエアと同じような意味を持ちます。つまりユーザーがザイリンクス用に作成した過去のソフトウエア資産が他社の参入障壁となってくるのです。

フラッシュ・メモリにしろ、DRAMにしろ、ハードディスクドライブにしろ、メモリ機能単体で勝負している製品は、たえず代替のリスクにさらされながら、大規模な設備投資と熾烈《しれつ》な技術開発を行なっています。しかし、インテルのプロセッサーやザイリンクスのFPGAと違って過去のソフトウエア資産という担保がないために、代替品が現われたり、需要と供給のバランスが崩れたりしたとたんに、トップ企業といえども業績がすぐに悪化してしまうのです。

## 開発用から量産用へ

ザイリンクスの製品は具体的にどのようなところに使われているのでしょうか。

FPGAの初期のターゲットは、エレクトロニクス製品を開発する技術者たちでした。彼らは、製品開発の段階では、個別の半導体を基板上にはんだ付けして作っていきます。製品の仕様が変更されたり、開発に問題が生じたりすると、また最初からこの作業を繰り返すことになります。しかし、FPGAを使えば、ソフトウエアで書き換えることでロジックを変更できますから、基板の製作をやり直す必要はありません。それどころか、積極的にいろいろな条件を変えて製品の特性を調べる実験も簡単にできるようになったのです。

このように、ザイリンクスのFPGAは、製品のプロトタイプ開発用として事業化されたので、市場規模も小さく、大手半導体メーカーは参入してきませんでした。やがて半導体の技術進歩にしたがってメモリに保存できる情報量が飛躍的に増加するようになると、FPGAで実現できるロジックも複雑で高速なものとなってきました。するとそれまでプロトタイプ用にしか使われなかったＦＰＧＡが実際の製品にも使われ出したのです。その代表例が携帯電話の基地局です。基地局というのは、携帯電話機とネットワークの仲介をする装置でビルの屋上などに置かれている装置です。

携帯電話の基地局のハードウエアは、加入者数の増加や携帯電話の技術内容の進化とともに変更する必要が出てきます。新しい技術が開発されるごとに、基地局を構成する基板をひとつひとつ抜き取って交換していたのですが、ＦＰＧＡを使うようになると、ネットワークを介してＦＰＧＡのデータを書き換えるだけで、変更することができるようになりました。つまり、開発用から量産用へと市場を拡大してきたのです。

このように小さな成功から少しずつ成長してきたザイリンクスの市場に対して、大手半導体メーカーといえども、新たに参入することは難しいはずです。それが、先に述べた過去のソフトウエア資産です。ＦＰＧＡのユーザーである技術者たちがＦＰＧＡ用に作った論理が、ソフトウエア資産として積み上げられています。こうした資産を捨てない限り、ハードウエアとしての性能の良さだけではザイリンクスに勝つことはできません。

なお、ザイリンクスは半導体メーカーですが、ハードウエアよりもソフトウエアのエンジニアのほうが多いといわれています。そこに、ザイリンクスの戦略の柱が見てとれます。

二〇〇九年の一~三月期のザイリンクスの業績をみると、売上高は三億九五〇〇万ドルと前年同期比で一七%減少し、純利益も九六五〇万ドルから七〇五〇万ドルへと二七%減少しています。しかし、粗利益率は六二・一%と高く前年同期の六三・四%からそれほど低下していません。売上高に対する純利益の比率も一八%と他のメモリ企業が大幅赤字を計上するなかで、極めて高い業績を維持しています。利益率でいえば、同時期のインテルすら凌《しの》いでいるのです。

メモリをロジックとして売るという翻訳の力、ハードウエアにソフトウエアを融合させて製品の代替障壁を高くすることなど、ザイリンクスという会社が技術を活かす戦略にたけていることがこの業績をみてもよくわかると思います。

## アンテナを「電池」と翻訳したSuica《スイカ》

二〇〇一年一一月、JR東日本が導入したSuicaは、JR各社はもちろんのこと私鉄にも浸透しています。JR各社や私鉄によってカードの名前こそ違いますが、基本となる技術はすべてSuicaと同じです。Suicaは鉄道の乗車券としてだけではなく、少額決済用の電子マネーとしても、使われるようになっています。駅構内の店でも買い物のできるところが増えてきましたし、駅の外でもコンビニなどで使えるようになってきました。

このように私たちの身の回りになくてはならない存在になりつつあるＳｕｉｃａですが、ここにも技術を上手に翻訳している例がみられます。その一つが『タッチアンドゴー』という表現です。実はこのカードは、「非接触」という特徴を持っています。それなのに『触れてください』と表現しているのはどういうことでしょうか。その翻訳の内側を見ていくことにしましょう。

Ｓｕｉｃａのカードには、半導体チップとアンテナが内蔵されています。半導体チップは、ネットワークを介して安全かつ高速にデータを交換できるような高度な処理機能を備えています。パソコンやゲーム機にもこうした半導体チップが入っていますが、当然電気が必要となります。このため電源コードでコンセントにつなぐか電池で動作させています。ところがＳｕｉｃａには電源コードはおろか電池すら内蔵されていません。

その秘密はこのカードの内側に内蔵されているアンテナにあります。

携帯電話が基地局との間で電波を使ってデータの送受信を行なっているように、Ｓｕｉｃａも情報の送受信を電波を介して自動改札機との間で行なっています。内蔵アンテナがその電波を受けとっているのです。

携帯電話に内蔵されているアンテナは情報の送受信のためだけに使われますが、Ｓｕｉｃａに内蔵されているアンテナは、情報の送受信のほかに、『電池』としての役割も果たしています。つまり、自動改札機から出ている電波を受信し、それを電気エネルギーに変換して半導体チップを動作させているのです。Ｓｕｉｃａは、自動改札機を通るときだけ電気が流れ、それ以外は全く電気が流れないのです。電波から得られる電気エネルギーはわずかですが、内蔵されている半導体チップが消費する電力もわずかなために、こうした仕組みが可能になっています。

注目すべきなのは、普通は情報のやりとりをするためのアンテナを、エネルギーを発生するための役割にも使うという翻訳がなされている点です。当たり前のように思われますが、実は、こうした発想の転換はそれほど容易ではありません。事実、初期の段階では、Ｓｕｉｃａカードにもバッテリーが内蔵されていたのです。しかし実験を行なうと液漏れがあったりしたこともあり、バッテリーを内蔵しないことになったのです。最初からバッテリーレスだったわけではありません。利用者の立場に立っても、バッテリーレスのほうがはるかに利便性に優れることは間違いありません。

### 非接触なのに『タッチアンドゴー』と表現したＳｕｉｃａ

Ｓｕｉｃａがそれまでの磁気カードと大きく違う点は、自動改札機にカードを通さずに、触れるだけでよいという点です。それが実現できたのも、やはりアンテナの技術によるものです。いまここで『触れる』という表現をしましたが、本来、Ｓｕｉｃａは改札機と電波でやりとりをするのですから、触れる必要はないのです。そもそもこのような電波でやりとりをするカードは非接触カードと分類されています。つまり触れなくてもよいのです。

実際、Ｓｕｉｃａを導入する検討が開始された当初は、この非接触という特性をもっと前面に出していました。つまり、カバンの中に入れていても、それだけで、改札口を通れるような仕様も検討されていました。これは、利用者側にもメリットがあるばかりか、システム側にもメリットがあります。その理由は、次に詳しく述べますが、運賃計算のための時間をより多くとれるということです。

日本の鉄道システムは相互乗り入れなどもあって、世界に類を見ないほど非常に複雑です。たとえば、成田空港から鉄道だけを使って箱根に行くとした場合、ＪＲ成田空港駅の改札口を通って小田急線・箱根湯本駅の改札口を出るまで、途中一度も改札を通らずに済んでしまいます。箱根湯本《ゆもと》の改札口でわかることは、成田空港駅から入ったということだけで、途中どのような経路で来たかは推測するしかありません。その一人ひとりに対して複数の経路の可能性を計算して、いずれか一つ（通常は最も安い経路）を選んで、料金を引き落とさなければなりません。この計算を、自動改札機を通過している、ほんの短い間に済ませなければならないのです。

システム側としてはできるだけこの時間を長くとりたいわけです。しかし、この時間を長くすると、利用者が自動改札機を通り抜ける時間が長くなります。利用者としては、できるだけ早く自動改札機を通り抜けたいところですし、駅としてもラッシュ時などは、できる限り自動改札機をスムーズに通り抜けてもらわなければ困るわけです。

当初、改札機からの電波を遠くまで飛ばして、改札口よりも遠い段階から利用者の持つＳｕｉｃａと情報のやりとりをすることが検討されました。これは利用者にとって便利ではないかとの視点ですが、システム側にとっても、計算時間を稼《かせ》ぐことができるというメリットがあります。しかし、実際に実験を行なってみると、電波を受信できる範囲に複数のＳｕｉｃａがあることになり、お互いに混線したりしてうまくいかないことがわかりました。

結局、電波を飛ばす距離は一〇センチという短い範囲に留めることになりました。目には見えませんが、自動改札機から一〇センチくらいの半球状の形をした領域内にＳｕｉｃａをかざすと、例の内蔵アンテナが電波を検知して半導体チップに電気が流れ、自動改札機とＳｕｉｃａとの間で情報のやりとりが始まり、路線の計算をして運賃の金額を引き落とすという一連の処理が行なわれることになるのです。もちろん、残額が不足すれば、自動改札機を閉じるように指示をします。

Ｓｕｉｃａは非接触カードですから、この半球状の領域に『かざす』ことでよいのですが、実際に実験を行なってみると時々うまく処理できません。その原因を分析すると、人によってかざし方が異なることがわかりました。半球状の領域といっても目に見えないわけですから、どこまで近づけて『かざせば』よいかわかりません。半球状の上部のぎりぎりのところにかざす人と、自動改札機に触れるようにかざす人では、半球状の電波領域を通過する時間が当然異なってきます。上部のぎりぎりのところをかざすと、電波の領域にとどまる時間が短いのです。すると、先に述べたように処理をする時間が短くなって誤動作が起こることがわかりました。

ＪＲ東日本のエンジニアたちは、この問題を解決するために『かざす』のではなくて『触れる』という表現を使うことを思いついたのです。非接触カードの特徴であることをあえて失わせるようなものでした。しかし、この発想の転換によって、通過時の誤動作が大幅に削減されることになったのです。『非接触』カードなのに、『タッチアンドゴー』すなわち『触れる』という翻訳をすることによって、実現に向けて大きな一歩を踏み出したのです。『非接触』にこだわっていたら、実用化は遠のいたかもしれません。

## 国際標準認定をめぐる激しい争い

Ｓｕｉｃａの中に使われている半導体チップには、ソニーが開発したフェリカという製品が使われています。Ｓｕｉｃａだけでなく、私鉄のＰＡＳＭＯや他のＪＲ各社が使用している非接触ＩＣカードにもすべてフェリカが使われています。さらにＥｄｙ《エディ》などの電子マネー用のカードにもフェリカが使われているのです。

こうした半導体チップを搭載したカードをＩＣカードと呼びますが、他にはＥＴＣカード、ＮＴＴのテレフォンカード、住民基本台帳（住基）カードなどがあります。ＥＴＣカードは機器に差し込んで使う接触型のＩＣカードです。これに対して、Ｓｕｉｃａなどは非接触型のＩＣカードとなります。

非接触ＩＣカードに使われている半導体チップには主に三つの規格があります。ＮＴＴの公衆電話に使われていたＩＣを内蔵したテレフォンカードは、タイプA規格と呼ばれています。住基カードに使われているカードはタイプＢ規格と呼ばれています。いずれも国際標準として認定されており、欧米の半導体メーカーのチップが使われています。

フェリカが世界中で使用されるようになるためには、タイプＡ規格やタイプＢ規格のように国際標準となっていることが好ましいわけです。こういう国際標準であることは、入札のときに有利に働くのです。事実、Ｓｕｉｃａにフェリカが採用される際に、米国の企業がＷＴＯの政府調達協定に違反するとして異議申し立てをしてきました。紆余曲折《うよきょくせつ》の末、フェリカの採用が決まりましたが、国際標準になっていないと、技術がどんなに優れていても、ひっくり返される可能性があるわけです。

そこで、ソニーはフェリカをタイプＣ規格の非接触ＩＣカードとして国際標準にしようと活動を始めました。ＩＳＯという国際標準化機構のカード規格分科委員会（ＳＣ17）のＷＧ８（非接触ＩＣカード）というワーキンググループでその審議が始まりました。このときはまだいずれの規格も標準化されておらず、タイプＡ規格を推すのはオランダのフィリップス、タイプＢ規格を推すのは米国のモトローラ、そしてタイプＣ規格を推すのがソニーだったのです。

タイプＡ規格とタイプＢ規格は国際標準となるのですが、ソニーのタイプＣ規格については、標準化審議が遅れます。それどころか、フランスの委員から、タイプC規格について国際標準化審議を打ち切るべきとの提案が総会で唐突に提出されてしまいました。

国際社会のなかでの規格争いというのは単なる技術の優劣だけでは決まりません。その後のビジネスの方向性を決めかねない極めて厳しい戦いの場でもあるのです。この場合、ソニーのフェリカはすでに香港の地下鉄で採用されていましたし、JR東日本でも採用されればデファクトスタンダード（事実上の標準）として、世界の市場を席巻《せっけん》される可能性があるとみた欧米企業が必死の防衛を始めたのだとの観測が流れました。

## 非接触カードを近接型通信方式と『翻訳』

当時ソニーで国際標準化を担当していた原田節雄《はらだせつお》氏は、タイプC規格の国際標準化審議が打ち切られるという最悪の事態を想定し、戦略を練ります。その骨子は、非接触カードという分野での標準化を、近接型通信方式という異なる分野での標準化に戦いの場を変えようというものでした。具体的には、非接触ICカードの規格を扱うSC17／WG8の分科会から通信規格を扱うSC6の分科会に審議の場を移そうというものでした。この試みは秘密裏のうちに進められました。事前にわかってしまうと、再び妨害工作がなされかねません。秘密は味方の口から洩《も》れるといいます。原田氏は、ＪＲ東日本にも国土交通省にもこの作戦は伏せておきました。

結局、原田氏の立てた作戦は見事に成功します。ＳＣ17／ＷＧ８での審議が打ち切りになると、ただちにＳＣ６での審議をスタートさせることに成功します。国際標準化機構の縦割り構造が幸いしました。ＳＣ17／ＷＧ８ではソニーの味方は少なかったわけですが、ＳＣ６もそうであるとは限りません。またＳＣ６とかＳＣ17という分科会の番号が示すように、ＳＣ６のほうが歴史のある分科会でした。縦割りで相互の交流がほとんどなく、かつＳＣ６の歴史が古いということは、ＳＣ17での審議の内容はほとんど参考にされないということです。またそもそも審議する技術分野が異なるわけです。

その後も紆余曲折はありましたが、二〇〇三年一〇月に、ソニーのフェリカは、近接型通信方式の分野で国際標準となったのです。結果としてみると、非接触カードで標準化をとるよりも、近接型通信方式で国際標準化をとることができてよかったのです。なぜならば、フェリカは、携帯電話にも搭載されるようになってきたからです。この場合は、非接触ＩＣカードというよりも、近接型通信方式という名称のほうがふさわしいからです。まさに怪我の功名《こうみよう》となったわけですが、それも、原田氏が機転をきかせて、標準化の分野をうまく翻訳して変更したからです。

本章では、技術を上手に翻訳できているかどうかによって企業の業績あるいは存亡すら左右されることを述べてきました。ザイリンクスは、メモリをメモリとしてではなくロジックと『翻訳』して製品化しています。普通では考えつかないような翻訳の仕方ですが、メモリ企業の多くが業績に苦しむなかでも、ザイリンクスは二〇%と高い利益率をあげています。

Ｓｕｉｃａは『非接触』カードであるにもかかわらず、あえて『タッチアンドゴー』と表現し、触れさせることで十分な処理時間を確保し、自動改札機での人の流れをスムーズにすることに成功しました。またＳｕｉｃａに搭載されているフェリカは、国際標準を獲得するために、非接触カードの分科会から近接型通信方式の分科会に戦いの場を移し、見事成功したばかりか、携帯電話への搭載を見込むとはるかに有利な国際標準を得ることができたといえます。

いずれも翻訳によって、危機を乗り越えたり、業績を上げたりした優れた事例です。せっかくの宝を活かすためには、技術を上手に翻訳する力が大切なのです。

# 第9則　商品はロングセラーを前提に考える

——本質的に良いものを想定できていますか?

## ヒット商品をロングセラー商品にする大塚製薬

コンビニに並ぶ食品や飲料製品の入れ替わりには、まことにめまぐるしいものがあります。メーカーが季節ごとに新商品を出すため、商品の入れ替わりが激しいということもありますが、ロングセラーを狙ったメーカーの期待とは裏腹に、消費者の支持を得られないためコンビニの棚からすぐに消えてしまう商品もあります。それも、わずか二週間ほどで消えてしまうものが大半だといいます。ある大手食品メーカーの取締役は、これまでに出した数多くの新商品の出荷数量が日々どのように推移したかを示すグラフを見せながら、「我々はこれを南京玉《なんきん》すだれと呼ぶのです」と自嘲《じちょう》気味に語ってくれました。出荷数量が急激なカーブを描いて落ちていく様子を社内でそう呼んでいるというのです。

このように、商品をヒットさせることすら難しい食品・飲料業界で、ヒット商品どころかロングセラー商品をいくつも育てているのが、大塚製薬です。オロナミンC、ポカリスエット、カロリーメイト、ＳＯＹＪＯＹと大型の定番商品を抱え、この四種類だけでも、二〇〇〇億円前後の売上げを誇っています。

なかでも、一九六五年に発売されたオロナミンCは、実に四〇年以上にわたって他社の追随を許しません。しかし、発売当初は必ずしも順調ではありませんでした。必須アミノ酸やビタミンを数多く含むオロナミンCを医薬品として販売する予定が、炭酸を含んでいたことから当時の厚生省から医薬品としての販売が認められなかったのです。そのため、それまで大塚製薬が販路として持っていなかった飲料としての販売を余儀なくされました。しかし、大村崑《こん》や巨人軍の選手たちを起用したコマーシャルが功を奏し『元気ハツラツ』というメッセージとともに、ロングセラーとしての地位を獲得しました。

オロナミンCはロングセラー商品としてさらにプロモーション努力が続きます。商品の歴史が長くなると、販売当初の顧客層の年齢が上がり、いつの間にか「おじさん向け」の飲料というイメージが定着します。すると、若い層を取り込めず、ロングセラー商品となりません。そこで年配の顧客層から若い層への拡大を狙って、一九九〇年代にはSMAPの木村拓《たく》哉《や》を、さらに二〇〇四年からは上戸《うえと》彩《あや》をメインキャラクターとして採用しています。また、『元気ハツラツ』のメッセージも、『元気ハツラツぅ？』というふうに若い購買客に問いかける形に変更し、商品内容はそのままで、ロングセラー商品としての寿命をのばしているのです。

大塚製薬が、ひとつひとつの商品をしぶとく長く販売しつづける努力をしているのも、発売当初の苦しさを忘れていないからかもしれません。現在はコンビニなど流通の力が強大となり、メーカーの意向だけでは商品を棚に置きつづけることは難しいかもしれません。しかし、商品を発売したら粘り強くロングセラーとして売りつづけていくという覚悟も必要です。商品化するという判断は、そこまでの思い入れなくして、してはいけないのです。商品コンセプトがあやふやなまま安易な商品化に走れば、出だしの躓《つまず》きですぐに撤退《てったい》してしまうかもしれません。しかしそれでは、いつまでたっても商品化と撤退を繰り返すばかりで、間接費や広告宣伝費の割合ばかりが高くなり、本来かけるべき商品の原価を削るという本末転倒になりかねません。もちろんロングセラーを狙わないメーカーはないと思います。しかし、その思い入れの強さが社内にどれだけ充満しているか、そこが大切なのです。

**病気を治す製薬と病気を予防する健康食品**

大塚製薬のユニークなところは、製薬メーカーとしての顔と消費者商品事業、特に健康食品メーカーとしての顔の二つの顔を持っていることです。同様の事業構成を持っていた製薬メーカーもありましたが、現在では大塚製薬以外は、ほとんど健康食品事業から撤退してしまっています。

考えてみれば、病気を治療する薬品と病気を予防する健康食品とは人間にとって車の両輪のようなものです。どちらも必要なのです。またメーカーにとっても、両事業の間には多くの共通点があります。しかし、多くの企業が撤退したように、両者を活かすということは意外と難しいものがあります。薬事法で規制され宣伝広告をしにくい製薬事業と、逆に宣伝広告が重要なカギを握る食品をはじめとする消費者商品事業とでは、水と油のようなところがあります。技術的には共通な要素があっても、事業としての違いを社内でうまく融合できないと、両事業を持つことは難しいと思われます。

実は大塚製薬は点滴用の生理食塩水でトップシェアを誇ります。製薬事業のなかで重要な位置を占める製品です。この治療に使われる生理食塩水を飲料として製品化したのがポカリスエットです。その製品化のきっかけには諸説があるようです。長時間にわたる外科手術を終えた医師が手術室にある生理食塩水を飲んでいる様子から商品開発のヒントを得たとか、海外出張中に体調を崩した社員が自らの体験から商品開発のヒントを得たとかいわれていますが、いずれにしても点滴に使われるような生理食塩水であれば身体への吸収がよいことは間違いありません。ポカリスエットは体の中の水分の組織に近く作られており、単なる飲料であるばかりではなく、脱水症状などで水分補給が必要なときにも飲まれるのは、このような背景があるためです。最近インドネシアなどでポカリスエットの売上げが急増していますが、その背景には、飲む点滴とさえいわれるポカリスエットの商品コンセプトがデング熱などの熱病があるインドネシアで受けいれられているからともいわれています。

本質的に身体に良いものを提供できることが、ロングセラー商品となるためには不可欠です。一時的なブームでヒット商品は作れても、本質的に良いものでなければロングセラー商品となりません。大塚製薬は、製薬事業と消費者商品事業の両方を持つことの強みを活かして、本質的に身体によい商品づくりをしているのです。

**商品開発だけでなく、生産技術も重要**

大塚製薬の強みは、商品開発力やマーケティング力だけではありません。生産技術にも競争力の源泉があるのです。

ポカリスエットのなかで、五〇〇ミリリットルのペットボトルは、年間三億本以上も売れる最も人気ある商品です。このペットボトルの形が、他社の五〇〇ミリリットルのペットボトルと様子が違うことに気づいた人も多いと思います。やや『なで肩』の形で、容器も柔らかいように感じたことはありませんか。

そうなのです。二〇〇七年から、ポカリスエットのこのサイズのペットボトルには、厚さを薄くした容器が使われているのです。それまでの容器より三〇%も軽量化し、国内で製造する五〇〇ミリリットルのペットボトルとしては一八グラムと最軽量の容器を実現しています(二〇〇七年四月一日時点)。

容器を薄くすることはデメリットもあります。まずペットボトルとしての強度が落ちてしまいます。ですから、それまでなかなか軽量化ができなかったのです。

しかし、ポカリスエットの五〇〇ミリリットルのペットボトルは、国内で初めて『陽圧無菌充塡方式《ようあつむきんじゆうてん》』という生産技術を採用することにより、容器を薄くしても強度を落とさず、また無菌状態での充塡容器のなかに菌が入ることに対しても耐性を持つようにすることができたのです。『陽圧』という名のとおり、容器内部の圧力を外気圧よりも高くしているのです。このためキャップを開けるまでは、薄い容器でありながら硬さを保つことができ、開栓後は、その薄さのためボトルが手になじみ、しなやかな感触に変化し、リサイクルの際にはつぶしやすいという特徴を持たせることが可能となりました。しかもメーカーにとって容器重量を三〇%も軽減することができたのです。

こうした環境に配慮した技術開発により、このペットボトルは、二〇〇七年度の容器包装3R推進環境大臣賞の製品部門において「最優秀賞」を受賞しました。3Rとは、リデュース（削減）、リユース（再使用）、リサイクル（再資源化）の三つの頭文字をとったものです。

このように大塚製薬はポカリスエットの商品開発やマーケティングだけでなく、生産技術、それもペットボトルという容器においてまで、環境にやさしい、ひいては人間にやさしい技術開発を継続しているのです。「こうした生産技術の開発は、人に投資し、人を育てているからこそ可能になるのです。ただ製造装置を買ってくればできるというものではありません」と生産技術の責任者は自信を持って語ってくれました。ここにも大塚製薬の商品がロングセラーになる秘密が隠されています。

**他社が容易に追随できない技術とは？**

二〇〇八年冬の金融危機のさなか、派遣社員との契約を突然打ち切る企業が出て話題になりましたが、大塚製薬はその対極にある企業ともいえます。大塚製薬の製品がロングセラー商品となるのは、社員一人ひとりを正社員として雇用し、地道に『人づくり』を継続していることと無縁ではありません。

たとえば半導体のようなハイテク製品の製造技術は、半導体メーカーと製造装置メーカーの双方に技術の蓄積がなされます。ところが、ナノテクノロジーといったような非常に微細な加工技術の開発になると、開発投資の面からも技術面からも、次第に半導体メーカーから製造装置メーカーへと技術蓄積の割合がシフトしていくようになってきます。すると、極端なことをいえば、製造装置さえ買ってくれば、誰でも最先端の半導体を作れる可能性が出てきます。もちろん、事はそう単純ではありませんが、技術がどこに蓄積されていくかに注意を払わなければならないことについては、オープンイノベーションの項目でも述べた留意点です。

大塚製薬が開発した『陽圧無菌充塡方式』という生産技術は、買ってきたままの製造装置をそのまま使用すればできるというものではありません。大塚製薬の技術者たちがそれこそ装置をすっかり改造するくらいの技術蓄積を社内で行なっているのです。このため、競合他社が容易に追随できないのです。

このような技術蓄積はイタリアのアパレルメーカーなどにも見られます。アパレルメーカーというと普通はデザインの強みを考えがちですが、本当に強いところは製造装置の技術開発まで自社で行なっていることです。ミラノにある中堅のアパレルメーカーは、独自の刺《し》繍《しゅう》技術を活かしたデザインで競争優位を築いていますが、ミラノの機械メーカーと共同開発をした装置に、さらに社内で機械の改良を行ない、特許まで取得しているのです。そのアパレルメーカーが実現している刺繍を可能とする機械はそのアパレルメーカーにしか存在せず、他社はそうした機械を装置メーカーから購入することはできないのです。

## ものづくりは、人づくり

ただ製造装置を買ってくるだけではなく、そこに自社独自の技術蓄積を行なっているところが、ミラノのアパレルメーカーにおいても大塚製薬においても生産技術の強みとなっているのです。そうした強みを醸成するには、社員に投資をし、育てるという経営を長年続けなければなりません。まさに『ものづくり』とは『人づくり』に他ならないのです。

ロングセラー商品を持つためには、一時的なブームに踊らされることなく、本質的に良い商品を提供していくことです。これこそ大塚製薬のロングセラー商品の特徴ですが、それを再確認させてくれる新商品が二〇〇六年四月に発売されました。小麦粉を使わず大豆を主原料としたSOYJOYです。発売当初は、レーズンアーモンドなど四種類だけでしたが、その後アップルやストロベリー、ビタミンBの一種である葉酸あるいは鉄分など特定の成分だけを追加したプラスシリーズなどが発売され、今では一〇種類に増えています。発売を開始した翌二〇〇七年度には早くも一五〇億円の売上高を達成しました。

SOYJOYを生産しているのは徳島ワジキ工場ですが、同じく県内にある徳島板野《いたの》工場でも二〇〇八年から生産が開始されています。もともと徳島板野工場は医薬品の製造工場として一九九九年に設立されましたが、大幅な増産に対応するため、医薬品工場の横に、急きょSOYJOYの工場も設立されることとなったのです。

このとき、工場設立の計画から最初の製品出荷までなんと一年もかかっていません。しかも生産技術には工夫の限りが尽くされています。たとえば、徳島ワジキ工場での生産ノウハウを活かし、人手で行なっていたところをロボットで実現しています。またSOYJOYは、数あるアイテムを生産計画に従って、同じ製造ラインで各アイテムの製造を迅速《じんそく》に切り替えていきます。アイテムを変える場合には、製造ラインの洗浄をきちんと時間をかけて行なわなければなりません。レーズンアーモンドにストロベリーの味が混入するわけにはいかないのです。だからといって洗浄時間が長いと、アイテムを変えたときのロスが問題になります。徳島板野工場では迅速にアイテムの切り替えを実行できる生産方式が確立しています。

このように製造現場の常識と闘いながら生産技術を革新してきた蓄積も大塚製薬のロング

セラー商品を支えているのです。

徳島板野工場の工場長を務める兼子明美《かねこあけみ》氏はもともと研究者でしたが、同工場品質管理部門の責任者を経て、工場長に就任しました。徳島県は日本で一番女性社長が多い県だと言われていますが、女性らしい細やかさと研究者らしい緻密《ちみつ》さで工場長の激務をこなしています。

ここにも、大塚製薬の人づくりの伝統が生きていることがわかります。品質管理部門の責任者になるときに、兼子氏には品質管理の経験は一切ありませんでした。ところが部下はすべてその専門家ばかりです。そこで、専門分野の知識と同時に、部下を束《たば》ねていくというマネジメントについても学ばなければなりませんでした。

みずからが品質保証について学ぶとともに、毎日毎日、部下の専門家たちと議論を戦わせました。品質管理については素人でも納得がいかないところは部下の言うことを鵜呑《うの》みにせず、納得いくまで議論を続けたのです。その議論も閉じられた会議室で行なわず、他の部下たちの机のそばにあるオープンスペースで行ないました。周囲にいる部下たちにもそこでの議論が自然と耳に入るようにしました。素朴な疑問をきちんと議論する大切さを周囲が理解するのに大いに役立ったことと思います。大塚製薬にはそうした人づくりのＤＮＡが根付いています。

大塚製薬の人づくりは留まるところを知りません。兼子氏は、徳島板野工場の工場長という身でありながら、別の工場の別の製品の海外移転プロジェクトのリーダーをも兼務しました。これこそ、人に投資し、人を育成することを旨とする大塚製薬ならではの人の育て方のように思います。

商品の表面だけ真似をしても、肝心の人づくりを徹底しなければ、技術は育ちません。まして商品をロングセラーとして育てていくことはできないのです。

## 商品とともに文化を育てるサントリー

大塚製薬と同じように、商品をロングセラーとして育てる風土を持つ企業にサントリーがあります。サントリーは一九六三年にビール事業に参入しましたが、二〇〇八年一二月期、四五年目にして初めてビール事業が黒字になるまでずっと赤字でした。この間、じっと耐えに耐えてきたのです。大塚製薬もサントリーもいずれも非上場の企業ですが、商品を長く育てるという風土には非上場であることが重要な役割を果たしているのかもしれません。サントリーがどのように技術や商品を育てるのか、詳しく見ていきましょう。

戦後日本を象徴するウィスキー文化を作ったのはまさにサントリーでした。大阪帝国大学理学部化学科を卒業したサントリーの二代目社長佐《さ》治《じ》敬三《けいぞう》氏は、終戦直後の一九四六年にサントリーの前身である寿屋《ことぶきや》に入社します。化学者であった佐治敬三氏は、日本が敗れたのは科学研究とその普及を怠ったからだと父の鳥井《とりい》信治郎《しんじろう》氏に進言し、社費で『ホームサイエンス』という科学雑誌を創刊し自らその編集にも関与します。

また佐治敬三氏は化学者の本領を発揮して、ウィスキーづくりに専念していきます。が、彼は技術者の枠にとどまりませんでした。ウィスキーを日本に普及させ根付かせるためには、洋酒を愛する文化を育てなければならないと様々な企画を実行していきます。一九五六年には『洋酒天国』という雑誌を創刊します。『ホームサイエンス』は時期尚早《しょうそう》だったのか部数が伸びず廃刊になりますが、『洋酒天国』はピーク時には発行部数二〇万部にもなったといいます。この雑誌は六三年まで続き、その後『サントリークォータリー』に引き継がれました。

サントリーは洋酒文化を日本に根付かせるために、サラリーマンでも気軽にウィスキーを飲めるバーを展開させていきました。それがトリスバーです。トリスバーのコンセプトは『ちょっぴり洋風』でした。ターゲットであるサラリーマンが気楽に立ち寄れるような工夫をしています。たとえば、お酒やおつまみの値段をすべて明示したり、ターミナル駅の裏街や駅前通りに集中させたり、それまでの業界の常識では考えられないコンセプトでした。

こうしてサントリーは洋酒文化を日本に根付かせながら、ウィスキーの瓶のデザインにも配慮します。クリスタル感のある角ビンであり、だるまの愛称で知られたオールドでした。広告宣伝にも力をいれ、ウィスキーを飲まない人にも『ダンダンディダン……』というオールドのコマーシャルソングは知られるようになりました。

サントリーはトリスバーばかりか和食のお店にもウィスキーを浸透させていきます。話題となった一九七〇年の新聞広告は、日本料理の板前さんが仕事を終えてウィスキーを飲んでいる写真でした。いわゆる『二本箸作戦』と呼ばれたものです。外国ではほとんど見ない水割りという飲み方も、日本に洋酒を根付かせるための工夫でした。こうして日本社会のあらゆるところに洋酒文化を根付かせることに成功した結果、ついにオールドは一九八〇年に一二〇〇万ケースと単一ブランドとしては世界一の出荷量を記録するまでになったのです。

## ウィスキーの先行イメージと緑茶

このように洋酒文化を日本に根付かせたサントリーですが、八〇年代半ばから次第にウィスキーの人気が下火になってきます。今ではピーク時の三分の一にまで低下しています。洋酒文化を創ってきたサントリーは、時代の変化にあわせてソフトドリンク市場を強化していくようになりました。ウィスキーの停滞を補うように一九八〇年代後半からサントリーは烏《ウー》龍《ロン》茶で成功します。しかしやがて烏龍茶も頭打ちになり、九〇年代後半からは緑茶飲料が急激な伸びを示します。

そこでサントリーも緑茶飲料の市場に本格参入しようとしますが、サントリーの緑茶は『ウィスキー工場の片隅』で生産されているのではないかといったイメージを消費者が持っていることがわかりました。これまでに創り上げてきたウィスキーのイメージがあまりに強すぎて緑茶を売るのに邪魔をするのです。これに対してライバルの有力ブランド商品に対しては、『茶農家の人たち、茶摘《つ》みするおばさん』といったいかにも緑茶というイメージが浮かぶという調査結果が出ました。

サントリーが『水と生きる』というコーポレートロゴを掲げるようになりましたが、まさにウィスキーの強いイメージを払拭《ふっしょく》しようという意気込みが感じられます。しかし、サントリー単独では短期間に緑茶のイメージを構築することはできません。そこで、サントリーは二〇〇年の伝統を誇る老舗茶舗と提携をします。京都福寿園《ふくじゅえん》でした。その結果生みだされたのが『伊右衛門《いえもん》』です。ほとんどの商品がわずか二週間前後で姿を消していくなかで、これは年間五〇〇〇万ケースを売り上げるメガブランドになりました。しかしその成功までには多くの紆余《うよ》曲折《きよくせつ》がありました。伊右衛門のプロジェクトをリードした沖中直人《おきなかなおと》氏は、実はその直前に熟茶というプーアール茶の商品化で大失敗をしていたのです。

## 新商品開発は、京都で座禅体験から

一九九〇年代の緑茶の製造には、加熱殺菌方式といって、まず一四〇度で三〇秒間熱処理をし、さらにペットボトル充塡後も八五度で三〇分も殺菌するというプロセスが用いられていました。この製造プロセスの欠点は、緑茶本来の旨《うま》みが損なわれてしまうことです。しかも微生物を死滅させることができないため、カテキン含有量の多い茶葉など抗菌作用の強いものを選ばなければならないという制約がありました。

サントリーはこの欠点を克服した非加熱無菌充塡方式を開発し、茶葉の選定の自由度を増やしながら、緑茶本来の旨みを出せるお茶を商品化しようとしました。しかし、非加熱無菌充塡方式を適用した熟茶は大失敗に終わりました。社内では、非加熱無菌充塡方式のための設備投資をしたのに、さんざんな結果に終わったことに対してどう責任をとるのかと商品開発の責任者である沖中直人氏に対する風当たりが強かったのです。

そうした逆風のなか、その上司である齋藤和弘《さいとうかずひろ》氏は、徹底的に沖中直人氏を守ったのです。その理由は、失敗した理由を徹底的に分析してこそ開発の腕をあげていくことができ、ヒット商品を開発できる確率が高まるという信念からでした。失敗したからといって新しい商品開発をさせなければ、せっかくの経験が活きません。開発担当者も次こそは必ず成功させようと、必死になるものです。

沖中直人氏ら開発チームは、緑茶の商品開発にあたって、お茶とその文化を理解することから始めました。そのため、京都宝福寺《ほうふくじ》で座禅体験をします。商品開発部のメンバーに加えて、パッケージデザイン部と広告代理店からも参加しています。京都を選んだのは日本の茶文化発祥の地だったからに他なりません。メンバーたちは、座禅体験のあと、緑茶飲料の開発者であることを明かさずに老舗茶舗を訪問しています。ただし福寿園はこの時点では訪問していません。

その夜、メンバーたちは、滞在先のホテルで自分たちの体験の感想を述べ合います。そこでは、淹《い》れたてのお茶のうまさは心にしみこむような味わいがするとか、癒される感じだとか、お茶は日本人のＤＮＡだといった意見が述べられました。サントリーには、商品開発者は、商品についてすべてを知っていなければならないというサントリーウエイが根付いています。緑茶開発に際して、このように京都で座禅体験をすることから始めるというのがサントリーならではの商品開発といえます。

こうした自らの体験や市場調査などを通して、沖中直人氏らは緑茶に必要な三つの条件を導き出しました。

（1）日本的スローライフを具現化すること
（2）急須で淹れた本格的な味わいを具現化すること
（3）お茶の作り手の顔が思い浮かぶこと

このうち三番目だけは、前に述べたイメージ調査でもあきらかなようにサントリーでは実現できないものでした。そこで老舗茶舗との提携を行なおうと白羽《しらは》の矢を立てたのが京都福寿園でした。福寿園を選んだ大きな理由としては、

（1）一七九〇年創業の日本有数の老舗茶舗であること

（2）事業規模としても、伊藤園やハラダ製茶（嫁と姑のテレビCMを流しているやぶ北ブレンド）と伍《ご》する日本有数の総合緑茶メーカーであること

といわれています。

事業部長向けのプレゼンテーションは通ったものの、この提携話はいったんは福寿園から断られてしまいます。その理由は、サントリーにとっては事業かもしれないが、福寿園にとっては、家業であることというものでした。会社であれば、製品化がうまくいかなければ撤退ということもあるでしょう。しかし家業はそうはいきません。二〇〇年以上にわたって受け継いできたものを、自分の代で終わらせるわけにはいかないのです。

しかし、サントリーの粘り強い交渉もあったことでしょう。最終的には福寿園はサントリーとの提携を承諾します。伝統とは、受け継いできたものにその時代時代の新しいものを加える足し算の発想によって継承されるべきもの、というのがその考え方にあったようです。

さらにサントリーの執念は商品名にまで及びます。数百もの商品名候補をあげたものの、もうひとつしっくりきません。行き詰って福寿園の社史をめくると、そこに代々の当主の名前を発見します。創業者の名前が福井伊右衛門だったのです。サントリーは、そこですぐに

伊右衛門の名前を冠したパッケージを試作し、福寿園に提案します。これにはさすがの福寿園も驚いたことでしょう。失敗したら家業どころか創業者の名前にまで傷がついてしまいます。しかし、これも最終的にはゴーサインが出されます。

創業者の名前を商品名に使うことなど、おそらく相手がサントリーだから福寿園も承諾したのではないでしょうか。四〇年以上赤字でもずっとビール事業を継続している企業です。きっと成功するまで継続してくれるに違いない、家業としての福寿園の立場を理解してくれるに違いない、との信頼感があったのではないでしょうか。伊右衛門のコンセプトは日本的なスローライフを具現化するというものでした。これはまさに日本の老舗企業の姿そのものです。そうした文化を理解してくれる企業でなければ、おそらく福寿園が提携することはなかったことと思われます。製品コンセプトの大切さが試される場面でした。

このように伊右衛門のコンセプトは練《ね》りに練られたものでした。しかし、それを支える技術開発も徹底しています。社内の反対を押して非加熱無菌充塡方式を再び採用します。妥協せずに良いものをひたすら追求していったのです。竹筒をイメージしたペットボトルもそうでした。少し細身にしたため、同じ容量を確保するためには長くしなければなりませんでした。すると自動販売機に入らないのです。社内からはやはり反対がありましたが、これも説得して、結局自動販売機用のサイズを含め、一一種類の竹筒ボトルを用意することにしました。

福寿園との共同開発も苦労の連続でした。技術開発に関する優先順位が異なるのです。急須で淹れた本物の味を追求する福寿園にとって緑茶のコクは何より重要な味覚であったのに対し、飲料メーカーであるサントリーにはゴクゴク飲めるすっきり感のほうが大切なのでした。茶葉についても意見が対立しました。福寿園にとって素晴らしい茶葉とは形状も美しくなければなりませんが、サントリーにとって茶葉の形などはどうでもよいことでした。

このように多くの障害がありましたが、二度と失敗はできないとの必死の思いから、沖中直人氏以下メンバーは妥協をせずに、コンセプトを実現するために必要な努力を惜しまず商品開発とマーケティングを進めていったのでした。

二〇〇四年三月一六日、五〇〇ミリリットルのペットボトルなど六種類が全国で一斉に発売されました。すると記録的な売上げで、わずか四日目で出荷停止になってしまうほどでした。一カ月後の四月二〇日から一都一〇県で販売を再開し、七月から全国販売に拡大していきました。三月の発売時点では六工場だった生産体制も六月までに一一工場に拡大し、月間生産能力を三〇〇万ケース以上へと拡大していったのでした。結局、その年の販売想定量一五〇〇万ケースを七月末で突破してしまったのです。翌〇五年には五二五〇万ケース、一〇〇〇億円のメガブランドになりました。

## 人を育て、技術を育てる

大塚製薬、サントリー、福寿園、いずれも技術、商品、人を大切に育てている企業です。

野村進氏は著書『千年、働いてきました』(角川書店刊)の中で、老舗企業大国日本をとりあげています。そうした日本企業の持っていた良き伝統が、いつの間にか、表面的な欧米流経営のモノマネで失われているように思います。投資家を気にするあまり、短期的な成果だけを優先させ、長期的な視点を忘れてはいないでしょうか。サントリーホールディングス株式会社の佐治信忠《のぶただ》社長は、サントリーの工場で使用する水源を確保するために一〇〇年計画で植林に力を注いでいます。彼は、社員にも、顧客にも、社会にも利益があるという利益三分主義を唱えていますが、CSRなどと改めて言いださなくても、長く残っている老舗企業はそうしたことを自然に行なってきたのではないでしょうか。

技術や商品の企画は、過去の成功や失敗の分析が財産になるはずです。しかしそうした分析をせずに、あるいは経験者をないがしろにしては、いつまでたっても企業内に見えざる資産が蓄積されません。もちろん長く企業を続けるためには先立つものがなければなりませんが、日本の企業経営者が日本のよき伝統を現代の経営のなかにも活かし、短期的な成果に振り回されず、人を育て、技術を育て、社会にとって価値のある商品やサービスを提供しつづけてくれることを願いたいものです。

参考文献


● 太田文夫『感動開発の伝承』工学研究社（二〇〇七年）
● 井上ひさし『ボローニャ紀行』文藝春秋（二〇〇八年）
● Tekla S. Perry, "From PodFather to Palm's Pilot", IEEE Spectrum, September, 2008
● ライバルの研究　安川電機・ファナック『日経ビジネス』（二〇〇八年一月二八日号）
● 利島康司社長インタビュー『財界』（二〇〇八年七月八日号）
● ロボットで世界一をめざせ！『カンブリア宮殿』（二〇〇九年二月九日放送）
● 北米失速に動じない世界分業体制、野路國夫『日経ビジネスマネジメント』（二〇〇八年春号）
● 特集　コマツが究める『日経ビジネス』（二〇〇七年六月四日号）
● 原田節雄『世界市場を制覇する　国際標準化戦略』東京電機大学出版局（二〇〇八年）
● 峰　如之介『なぜ、伊右衛門は売れたのか。』すばる舎（二〇〇六年）

切りとり線

★読者のみなさまにお願い

この本をお読みになって、どんな感想をお持ちでしょうか。祥伝社のホームページから書評をお送りいただけたら、ありがたく存じます。今後の企画の参考にさせていただきます。また、次ページの原稿用紙を切り取り、左記まで郵送していただいても結構です。

お寄せいただいた書評は、ご了解のうえ新聞・雑誌などを通じて紹介させていただくこともあります。採用の場合は、特製図書カードを差しあげます。

なお、ご記入いただいたお名前、ご住所、ご連絡先等は、書評紹介の事前了解、謝礼のお届け以外の目的で利用することはありません。また、それらの情報を6カ月を超えて保管することもありません。

〒101—8701（お手紙は郵便番号だけで届きます）
祥伝社新書編集部
電話03（3265）2310
祥伝社ホームページ　http://www.shodensha.co.jp/bookreview/

★本書の購買動機（新聞名か雑誌名、あるいは○をつけてください）

| | | | | | |
|---|---|---|---|---|---|
| ＿＿＿＿新聞の広告を見て | ＿＿＿＿誌の広告を見て | ＿＿＿＿新聞の書評を見て | ＿＿＿＿誌の書評を見て | 書店で見かけて | 知人のすすめで |

★100字書評……理系の企画力！

名前

住所

年齢

職業

宮永博史　みやなが・ひろし

1956年生まれ。東京理科大学ＭＯＴ（技術経営）大学院教授。東京大学工学部電気工学科卒業。ＭＩＴ大学院修了。日本電信電話公社（現ＮＴＴ）、日本ＡＴ＆Ｔベル研究所、日本ルーセントテクノロジー、ＳＲＩインターナショナルなどの職歴を経て、2000年、デロイトトーマツコンサルティング（現アビームコンサルティング）統括パートナーに就任。04年より現職。技術マーケティングや事業化戦略などを専門とする。著書に、『成功者の絶対法則 セレンディピティ』『顧客創造 実践講座』『「ひらめき」を生む発想術』などがある。

**理系《りけい》の企画力《きかくりょく》！**
**ヒット商品《しょうひん》は「現場感覚《げんばかんかく》」から**

**宮永博史《みやながひろし》**

2009年 8 月 5 日　初版第 1 刷発行

発行者……………竹内和芳
発行所……………祥伝社しょうでんしゃ
〒101-8701　東京都千代田区神田神保町3-6-5
電話　03(3265)2081(販売部)
電話　03(3265)2310(編集部)
電話　03(3265)3622(業務部)
ホームページ　http://www.shodensha.co.jp/

装丁者……………盛川和洋
印刷所……………萩原印刷
製本所……………ナショナル製本


Printed in Japan　ISBN978-4-396-11167-0　C0230